# HISTÓRIAS QUE O DINHEIRO CONTA

André Cintra — Renato Torelli

LUMUS
editora

2006



**Revisão Técnica**
Claudia Silveira

**Revisão Geral**
Priscila Santos
Robson Teixeira

**Edição de Arte**
Clarice Fukunari

**Diagramação**
Adriana Harumi

**Capa**
Adriana Harumi

**Fotografia**
Renato Torelli

**Lumus Editora Ltda.**
Av. Paulista, 2202 – 2º andar – Cj.25
Cep. 01310-300 – Bela Vista – São Paulo-SP

www.lumuseditora.com.br
lumus@lumuseditora.com.br


Dados Internacionais de Catalogação na Publicação (CIP)
(Câmara Brasileira do Livro, SP, Brasil)

Índices para catálogo sistemático:
1. Dinheiro : História 332.49

Histórias que o dinheiro conta / [Renato Torelli;
André Cintra]. – São Paulo : Lumus Editora, 2006.

Vários colaboradores.
Bibliografia.

Brasil – História 2. Dinheiro – História
Moedas brasileiras – História I. Torelli, Renato.
II. Cintra, André

05-4673 CDD-332.49

ISBN 85-99534-01-7

# Agradecimentos

Diversos profissionais colaboraram na elaboração deste livro. Gleiner Vinicius, Dainis Karepovs, Gustavo Cavalheiro, Roberto Nogueira Médici, Boris Fausto, Marcelo Germinário, André Ruschi, Emir Sader, Marcelo Duarte, Daniel Piza, Paulo César Ribeiro, Ubiratan Brasil e Ednilson Oliveira concederam depoimentos. Fábio de Souza, Jairo Corso, Fernando Damasceno, Guilherme Conte, Tatiana Napoli e Verônica Mambrini forneceram material complementar. Para a composição das imagens, Cláudio Amato, Laury, Paulo Ferreira e Salvador Antonio Portela emprestaram cédulas e moedas de suas coleções. A Sociedade Numismática Brasileira apoiou com materiais e consultoria. A todos, nossa sincera gratidão.

Dedicado a nossos pais.

# Sumário

**Capítulo 5**



**Capítulo 6**



**Capítulo 7**



**Capítulo 8**

# Dados sobre a edição

*Histórias que o Dinheiro Conta* é dividido em oito partes — uma para cada moeda instituída no Brasil desde 1942. Na abertura dos capítulos, há uma tabela com dados sobre o padrão monetário (período de vigência, inflação acumulada e variação do salário mínimo nesse mesmo período).

A maioria das informações se baseia em estatísticas divulgadas por órgãos governamentais e autarquias. Mesmo entre os dados oficiais, porém, há controvérsias. No caso dos valores dos salários mínimos, baseamo-nos nas seguintes medidas: decreto-lei 2.162, de 04/07/1940 (240 mil réis); decreto 57.900, de 01/03/1966 (Cr$84.000,00); decreto 60.231, de 01/03/1967 (NCr$105,00); decreto 66.523, de 01/05/1970 (NCr$187,20); decreto 91.861, de 01/11/1985 (Cr$600.000,00); decreto-lei 2.284, de 01/03/1986 (Cz$804,00); decreto 97.385, de 01/01/1989 (Cz$54.374,00); decreto 97.453, de 01/02/1989 (NCz$63,90); decreto 98.985, de 01/03/1990 (NCz$3.674,06); portaria 3.143, de 01/04/1990 (Cr$3.674,06); portaria 11, de 01/07/1993 (Cr$4.639.800,00); portaria 12, de 01/08/1993 (CR$5.534,00); medida provisória 434, de 01/03/1994 (URV 64,79); e medida provisória 566, de 01/07/1994 (R$64,79).

Para o cálculo da inflação, o IGPM (Índice Geral de Preços de Mercado) foi utilizado como base em todos os padrões monetários, com exceção do capítulo 1. Neste caso isolado, o índice escolhido foi o IGP-DI (Índice Geral de Preços) da Fundação Getúlio Vargas. As estatísticas do capítulo também são parciais, pois o cruzeiro, instituído em 1942, é anterior ao IGP-DI, iniciado três anos depois.

Os dados técnicos presentes nas legendas de cédulas e moedas foram obtidos com o Banco Central e a Casa da Moeda do Brasil. Para as moedas cunhadas no período anterior a 1965 (data de criação do Banco Central), decretos e leis governamentais foram utilizados como consulta.

O cálculo mais difícil de ser estimado foi o período de circulação dessas moedas. Como não há documento específico que determine a duração de tal período, foram utilizados decretos e leis sancionados pelo governo referentes às moedas que estavam sendo lançadas. Ligeiras imprecisões são possíveis.

Para as moedas de 10, 20 e 50 centavos lançadas em 1942, utilizamos como base o decreto-lei 4.843, que autorizava a cunhagem dessas moedas, e a lei 4.511, que extinguia os centavos.

Para as moedas de 1, 2 e 5 cruzeiros lançadas também em 1942, utilizamos como base o decreto-lei 4.843, que autorizava a cunhagem dessas moedas, e a carta-circular nº. 1, que informava a perda do poder liberatório das moedas anteriores ao cruzeiro novo.

Para as moedas de 10, 20 e 50 centavos lançadas em 1947, utilizamos como base a lei 273, que complementava as características dessas moedas, e a lei 4.511, que extinguia os centavos.

Para as moedas de 10, 20 e 50 centavos lançadas em 1956, utilizamos como base a portaria 333, que estabelecia as características dessas moedas, e a lei 4.511, que extinguia os centavos.

Para as moedas de 1 e 2 cruzeiros lançadas em 1956, utilizamos como base a portaria 333, que estabelecia as características dessas moedas, e a carta-circular nº 1, que informava a perda do poder liberatório das moedas lançadas antes do cruzeiro novo.

Para as moedas de 50 centavos lançadas em 1957, utilizamos como base a portaria 296, que autorizava a mudança no material das moedas cunhadas, e a lei 4.511, que extinguia os centavos.

Para as moedas de 1 e 2 cruzeiros lançadas em 1956, utilizamos como base a portaria 296, que autorizava a mudança no material das moedas cunhadas, e a carta-circular nº. 1, que informava a perda do poder liberatório das moedas lançadas antes do cruzeiro novo.

Já o período de circulação das cédulas de réis reaproveitadas no padrão cruzeiro foi tirado do livro *Cédulas Brasileiras da República — Emissões do Tesouro Nacional*, Banco do Brasil — Rio de Janeiro, 1965.

Em livros sobre dinheiro, a dimensão das cédulas e o diâmetro das moedas são invariavelmente especificados em milímetros. Como *Histórias que o Dinheiro Conta* não é direcionado somente a colecionadores ou profissionais da área, optamos por dar essas informações técnicas em centímetros, unidade de mais fácil compreensão. A exceção ficou por conta da espessura das moedas, que foi mantida em milímetros.

As imagens deste livro foram feitas a partir das coleções de Cláudio Amato, Laury, Paulo Ferreira, Renato Torelli e Salvador Antonio Portela. Já a "peça da coroação", presente no capítulo introdutório, e os antigos cruzados de 1834 (Capítulo 4) foram reproduzidos com base no livro *Museu de Valores do Banco Central do Brasil.*

# Glossário

ANVERSO: face da frente em qualquer cédula ou moeda. Em notas, geralmente o anverso é o lado com efígie, dados técnicos, chancelas, etc. Já em moedas, costuma ser a face com a indicação do país emissor.

CUNHAGEM: processo de fabricação de uma moeda, em que uma placa de ferro é pressionada sobre uma peça metálica, produzindo a gravação.

DÍSTICO: qualquer inscrição textual no dinheiro.

EFÍGIE: representação de personagens humanos fictícios ou pessoas reais, por meio de imagens, sobretudo de retratos.

EMISSÃO: início da circulação de cédulas e moedas.

ESTAMPA: todas as características artísticas e gráficas das cédulas.

FAMÍLIA: conjunto de cédulas de variados valores e projeto gráfico semelhante.

FITA DE SEGURANÇA: fio posto entre as fibras das cédulas, geralmente com inscrições ou códigos, consistindo num elemento de segurança.

INSCRIÇÃO: termo(s) que aparece(m) nas faces das moedas.

MARCA D'ÁGUA: imagem definida que, através da luz, aparece nas notas como elemento de segurança.

MEIO CIRCULANTE: todas as cédulas e moedas em circulação num determinado país.

MICROCHANCELA: pequena assinatura impressa em cédulas.

MOEDA COMEMORATIVA: toda moeda com valor de troca, mas de tiragem restrita, cuja emissão é motivada por datas, acontecimentos e pessoas célebres.

NUMISMÁTICA: ciência que estuda as cédulas, moedas e medalhas.

PADRÃO MONETÁRIO (ou UNIDADE MONETÁRIA): nome que se dá à moeda nacional.

PODER LIBERATÓRIO: propriedade do dinheiro que lhe torna um meio de troca, uma forma de pagamento.

REGISTRO COINCIDENTE: composição simultânea nas duas faces das cédulas, de maneira rigorosamente sobreposta ou complementar, para efeitos de segurança.

REVERSO: face das cédulas e das moedas, oposta ao anverso.

SÉRIE: conjunto (em geral) de 100 mil cédulas de mesmos valores e estampas.

VALOR FACIAL: inscrição numérica e/ou textual que indica o valor de troca de uma cédula ou moeda.

# Prefácio

# A moeda como fonte da História

*Sidney Ferreira Leite**

Dá para contar a História do Brasil com base no dinheiro nacional? As moedas são fontes confiáveis? Para o historiador francês Georges Duby, é justamente nos fragmentos que a pesquisa em História tem suas principais fontes para a reconstituição do passado. Trata-se, afinal, de índices reveladores de conjunturas políticas, das estruturas econômicas, dos sistemas ideológicos, de comportamentos, dos sentimentos e das mentalidades coletivas. Identificar tais fragmentos é o foco do trabalho investigativo dos pesquisadores.

A tradição historiográfica positivista, iniciada no século 19, principalmente por Leopold Von Ranke, sustenta que é possível reconstituir os fatos de forma objetiva, tal como aconteceram. Nesse caso, os documentos oficiais, submetidos às críticas interna e externa, servem como fontes principais. No entanto, essa concepção ambiciosa de reconstituição objetiva do passado histórico foi duramente questionada, principalmente depois da Primeira Grande Guerra. Ao explicar as causas desse grande conflito (no qual morreram 14 milhões de pessoas), um historiador alemão que se debruçasse sobre as mesmas fontes utilizadas por um historiador francês chegaria a conclusões diferentes. Em outras palavras, há na pesquisa e na leitura da História elementos de subjetividade, como o nacionalismo.

Nas últimas décadas, ganhou luz a Nova História, herdeira legítima da Escola dos Annales. O horizonte temático e o objeto de investigação dos historiadores se ampliaram. Temas como os medos coletivos, as atitudes diante da morte e a moda passaram a ser encarados como matérias-primas dos pesquisadores. A visão ampla e global da História e o estudo das mentalidades coletivas tornaram-se o grande projeto de toda uma geração de intelectuais. Em meio a redefinições de paradigmas, as fontes (antes restritas ao caráter eminentemente oficial e à linguagem escrita) passaram também por uma verdadeira revolução, ancorada numa expressão: tudo é fonte! Desde então, fonte é qualquer índice do passado (oral, escrito, visual) capaz de auxiliar o árduo trabalho dos historiados de reconstituir um tempo de qual muitas vezes só restaram às cinzas.

Esse amplo conjunto de mudanças que atingiu o campo da pesquisa histórica parece justificar a abordagem, sob certo ponto de vista original, de *Histórias que o Dinheiro Conta*. Os autores, André Cintra e Renato Torelli, são jovens jornalistas, formados pela tradicional Faculdade Cásper Líbero. Eles lembram que obras sobre o dinheiro começaram a ser redigidas há mais de dois milênios. Mas o enfoque proposto aqui apresenta um substrato de novidade, isto é, estudar as moedas como meio de comunicação. É a moeda como fonte para o conhecimento e a compreensão da História.

Tal programa de investigação, como o leitor terá oportunidade de comprovar, foi plenamente desenvolvido. Além dessa abordagem, ao mesmo tempo curiosa e criativa, a proposta se insere no projeto dos Annales. Está longe de seguir a linha da numismática, pautada pela fidelidade à cronologia e ao meramente factual. Os autores se propõem a analisar as moedas como ferramentas utilizadas pelo Estado para a construção e consolidação da identidade nacional, ou para e a veiculação da galeria dos seus heróis e dos mitos.

A abordagem veio para arejar um campo de estudos dominado pelas definições áridas dos economistas da escola monetarista. Para eles, a moeda nada mais é do que a mais antiga representação do dinheiro. As pessoas em geral os concebem como sinônimos. Quando a moeda passou a substituir o escambo (ou seja, a troca em espécie), ela adquiriu o valor que os mercadores lhe davam para a venda de suas mercadorias. Outras funções atribuídas à moeda eram a de acumular valor, de permitir sua reserva ou entesouramento e, finalmente, a propriedade de pagar dívidas futuras. André Cintra e Ranto Torelli, neste instigante livro, mostram que o dinheiro é mais que isso.

Não bastassem todos os méritos até aqui assinalados, a obra possui uma virtude ímpar: a qualidade do texto. Embora o tema possa parecer espinhoso em um primeiro momento, a forma e o estilo que os autores escolheram para apresentá-lo, ágil e elegante, como prescrevem a regra do bom jornalismo, torna a leitura fácil e agradável, mesmo para os iniciantes no tema.

Ao apresentar e analisar as ilustrações das moedas e das notas que estampam personagens como Afonso Pena, Barão do Rio Branco, Getúlio Vargas, Santos Dumont e temas da flora e da fauna nacionais, o livro proporciona um relato conciso da História brasileira. Isso interessa não apenas aos estudantes dos ensinos fundamental, médio e universitário mas também aos cidadãos preocupados em compreender as vicissitudes e as idiossincrasias que caracterizam a sociedade em que vivem. *Histórias que o Dinheiro Conta* certamente aguçará a memória afetiva do leitor, funcionando como uma espécie de máquina do tempo, transportando-o para um momento em que tinha no bolso ou na sua carteira a nota de um cruzeiro e moedinhas de dez centavos com a efígie de José Bonifácio, ou quando foi ao supermercado com uma nota de 50 cruzados para conferir se os preços estavam congelados, como dizia a propaganda oficial do governo.

Nesse aspecto, a idade de quem lê contará bastante. Por tudo isso e muito mais, confira o livro até a última página e com certeza concordará que André Cintra e Renato Torelli transformaram o dinheiro em um portador de experiências do passado. É bem provável que após ler *Histórias que o Dinheiro Conta*, você nunca mais olhará para uma moeda ou uma cédula como antes.

* Nascido em 1965 e graduado como historiador na Universidade Federal do Rio de Janeiro (UFRJ), **Sidney Ferreira Leite** é doutor em História Social pela Universidade de São Paulo (USP). Atualmente, faz pós-doutorado em Comunicação na Universidade Metodista de São Paulo (UMESP) e é professor de Comunicação em cursos de MBA da Fundação Getúlio Vargas (FGV). Também leciona Relações Internacionais no Centro Universitário Belas Artes e nas Faculdades Trevisan. É autor de *Cinema brasileiro: das origens à Retomada* (Perseu Abramo, 2005) e *O cinema manipula a realidade?* (Paulus, 2003).

# Introdução

# O dinheiro como meio de comunicação

Este livro é diferente de tudo que se escreveu sobre dinheiro no Brasil — o que não quer dizer pouca coisa. Cédulas e moedas já foram estudadas a fundo como meios de troca, elementos da política econômica, objetos de coleção, materiais sagrados, documentos históricos, obras de arte, entre outros aspectos. Para sorte dos autores, a história do dinheiro é amplamente documentada. Quando a escrita surgiu — num acontecimento que separa a Pré-História da História —, as formas de pagamento ainda eram muito primitivas, como a troca de produtos.

Sendo possível registrar boa parte dessa evolução, o dinheiro se tornou, desde a Antigüidade, um tema atraente para historiadores, filósofos e estudiosos, cada qual buscando um aspecto mais definido do assunto. Livros sobre o dinheiro começaram a aparecer há mais de dois milênios. Atualmente, economistas, publicitários, jornalistas e numismatas também contribuem ao debate com estudos quase sempre curiosos. *Histórias que o Dinheiro Conta* bebe na fonte desses estudos, mas sua abordagem é outra. Pela primeira vez, de forma sistematizada e criativa, o dinheiro é tratado como meio de comunicação.

Não é difícil entender essa vocação de moedas e cédulas — uma vocação tanto informativa quanto ideológica. Basta conferir qualquer exemplar do dinheiro nacional, desde o cruzeiro, lançado em 1942, até o real, que vigora nos dias de hoje. As notas, bem como as moedas, trazem a indicação de um valor de troca: 100 cruzeiros, 10 cruzados novos, 50 centavos de real. Não é a única indicação disponível, embora seja a mais importante. Porque dinheiro, antes de qualquer coisa, é um tradicional meio de troca, adotado por um grupo, uma região, uma comunidade, um país e até um continente.

Quando circula em grande escala e integra pessoas de diversas partes, num período de tempo relativamente longo, o dinheiro se torna um símbolo de identidade nacional. No caso do Brasil, pode-se dizer que a história do dinheiro, a partir da segunda metade do século 20, é uma decorrência da história da inflação. Mas como dissociar, por exemplo, a História dos Estados Unidos sem citar a supremacia do dólar? "Conhece-se um povo pela língua que fala e pela moeda que usa", resumiu Voltaire.

O dólar estampa ícones americanos, tais como George Washington, Franklin Roosevelt e Abraham Lincoln. Desde 1942, além de símbolos nacionais, o dinheiro no Brasil vem destacando personagens que, de uma ou outra forma, ajudaram a dignificar a imagem do País. São "heróis" e mitos brasileiros, presidentes da República, senadores e ministros, figurões das forças armadas, das ciências, das artes e dos esportes. Na realidade, a regra vale para qualquer local: não dá para desprezar o potencial do dinheiro como meio de comunicação. "Foi por isso que os Estados Unidos, ao ocuparem o Iraque em 2003, logo tiraram de circulação as moedas e as cédulas que tinham a efígie de Saddam Hussein", lembra o publicitário e numismata Gustavo Cavalheiro.

Se o dinheiro comunica, é preciso valorizá-lo. Num trabalho de pesquisa e teorização, Cavalheiro estudou o design do dinheiro nacional. O livro sustenta que as cédulas brasileiras se sofisticaram, nas últimas décadas, do ponto de vista informativo e, sobretudo, estético. O publicitário foi um dos primeiros autores a explorar o tema do "dinheiro como meio de comunicação". Essa expressão, aliás, é de sua autoria.

O que o dinheiro comunica nem sempre é explícito. Prova disso é a moeda de 200 réis que trazia a efígie do engenheiro e empresário Irineu Evangelista de Souza (1803-1889), o célebre Visconde de Mauá. No reverso, cunhou-se o vagão de uma locomotiva, o que remete à estrada de ferro Rio de Janeiro—Queimados. Trata-se da primeira ferrovia a ser construída no Brasil — e um dos muitos empreendimentos de Mauá. Com tal homenagem, a moeda passou a fornecer informações históricas. Ou seja, passou a comunicar.

Só que esse aspecto, mais superficial, não encerra seu potencial informativo. Quando a moeda foi lançada, em 1936, Getúlio Vargas governava o Brasil. Assim como Mauá deu início à industrialização brasileira e foi símbolo do desenvolvimento, o próprio Vargas tinha um projeto modernizante para o País. Eram dois políticos desenvolvimentistas, e a moeda de 200 réis os relaciona, no plano simbólico, emitindo uma mensagem cifrada aos brasileiros.

Associações do gênero se proliferam ao longo de *Histórias que o Dinheiro Conta*. Ao fim da leitura, o leitor perceberá que o livro atravessou toda a História do Brasil, reavivando fatos relevantes, episódios fundamentais, personagens decisivos. Mais do que isso, sobressai uma história do imaginário, dos símbolos, dos sonhos e das representações nacionais. São reproduzidas todas as moedas e cédulas lançadas no Brasil a partir de 1942 — ano em que Vargas substituiu os réis pelo cruzeiro, criando o primeiro padrão monetário genuinamente brasileiro.

De forma simples e objetiva, explica-se cada um dos temas retratados no dinheiro brasileiro durante esse período. Nem sempre a mensagem — a história que o dinheiro conta — é clara ou intuitiva. Para compensar tal limitação, os realizadores deste livro se lançaram em uma ampla e rigorosa pesquisa documental, à qual se somaram entrevistas com historiadores, economistas e profissionais que lidam com dinheiro. Só falta, agora, a aprovação do leitor. Boa leitura!

# Uma história milenar

Afinal, quantos países fazem uso do dinheiro? A resposta é reveladora: todos, sem exceção. No mundo atual, de ponta a ponta, as economias se baseiam na moeda como meio de troca. Em todo caso, as formas modernas de pagamento, como os cartões inteligentes (smarts cards) e as transações via internet, em nada se parecem com os modelos de dinheiro mais primitivos.

De acordo com Joe Cribb, autor do livro *Dinheiro*, é provável que os primeiros registros sobre o assunto tenham ocorrido há cerca de 4.500 anos, na Mesopotâmia. Os modelos iniciais (lingotes de prata e conchas) eram medidos de acordo com o peso. Quanto mais pesado fosse o material, maior seria seu valor de troca. O uso contínuo de metais para efetuar pagamentos deu origem às moedas — que surgiram, ao que parece, no reino da Lídia (atual Turquia), durante o século 7 a.C.

Reis, autoridades e grandes proprietários lídios foram as primeiras pessoas a serem retratadas em moedas. Dessa forma, o dinheiro já não representava apenas poder econômico — mas também poder simbólico. Uma estampa em qualquer modelo de moeda era sinal claro de influência e, muitas vezes, de autoridade formal.

Exemplo próximo a nós é o de Dom Pedro I, que, para celebrar a independência do Brasil, mandou cunhar moedas de 6.400 réis, esculpidas a ouro. A efígie era do próprio imperador, de perfil, com o busto nu e uma coroa real — e não imperial. Dom Pedro suspendeu em pouco tempo a cunhagem, por achar que sua imagem havia sido descaracterizada na reprodução. Raras e valiosas, essas moedas ficaram conhecidas como "peças da coroação" — foram fabricadas apenas 64 unidades.

Mais remotos e mais curiosos também são os mitos formulados em torno do dinheiro. Povos como os indianos de origem mulçumana tratavam moedas como amuletos sagrados. Os chineses — que inventaram tanto o papel quanto as cédulas — queimavam tipos especiais de dinheiro. Acreditavam que essas notas, ao serem consumidas pelo fogo, chegariam até seus ancestrais. Embora não tenha fundamentos científicos, o aspecto mais mítico do dinheiro se tornou uma tradição cultural, sobretudo na Antigüidade.

Até hoje, cédulas e moedas despertam uma atenção que transcende seu valor de troca. Os numismatas, por exemplo, colecionam dinheiro antigo e chegam a se profissionalizar nessa área. Para eles, a característica mais importante de uma nota ou moeda é a raridade. Já os historiadores podem muito bem utilizá-las como documentos, pois o dinheiro, volta e meia, retrata fatos, idéias e costumes de uma época.

Inúmeros governantes, especialmente os ditadores, iam além e estampavam a própria efígie, bem como a imagem de seus partidários, no dinheiro em circulação. Assim foi possível conhecer o rosto (ou pelo menos uma representação) de diversos detentores do poder — e é provável que, em muitos casos, não houvesse opções técnicas para se fazer uma reprodução mais fiel. O dinheiro se tornou um portador de histórias.

Sua riqueza simbólica tem outra razão de ser. Ao longo da História, os governantes se viram obrigados a propagar valores e ideais, de modo a agregarem simpatizantes.

Em regimes totalitários, o culto à imagem do ditador é recorrente por meio de livros escolares, cartazes, estátuas e outros meios. Até nos países democráticos, embora de modo bem menos rigoroso, a ideologia dominante se faz presente em vários aspectos do cotidiano, como no nome e nas logomarcas de obras públicas.

O dinheiro não poderia ficar de fora. Elemento vivo da identidade nacional, tal como a língua, ele estampou e propagou valores, tornando-se um poderoso meio de comunicação. Seu valor monetário e seu poder político decaem com o tempo. Cédulas e moedas são substituídas por outras, que também não são eternas. O culto à imagem por meio do dinheiro dura até o fim do regime ou do governante — se tanto. Até mesmo os costumes sociais tendem sempre a se alterar, assim como os povos e as civilizações.

Mas há algo que o dinheiro deixa para a posteridade, e é justamente sua natureza comunicativa. As informações expostas por esse meio ficam gravadas para sempre. Outro aspecto interessante é a extensa lista de frases e idéias sobre o dinheiro. Paulinho da Viola, numa de suas músicas mais conhecidas, cantou que "dinheiro na mão é vendaval". O físico Benjamin Franklin — que escrevia um livro a cada dois meses — cunhou a máxima de que "o tempo custa muito caro". Em outras palavras, "tempo é dinheiro".

Se a acumulação é sinal de riqueza, por que "dinheiro não traz felicidade"? No filme de Orson Welles, o magnata Charles Foster Kane assume que "teria sido um bom homem se não fosse rico". Por outro lado, Brás Cubas, o célebre "defunto autor" criado por Machado de Assis, orgulha-se de nunca ter precisado trabalhar: "coube-me a boa fortuna de não comer o pão com o suor do rosto".

Quem prefere a sabedoria popular pode se lembrar de que "dinheiro não é tudo". De qualquer maneira, é bom moderar nos gastos, porque "dinheiro não dá em árvore", nem "cai do céu". Aliás, os brasileiros mais antigos podem lembrar o slogan da Caixa Econômica Federal: "Cruzeiro a cruzeiro faz um milheiro". E os mais antigos ainda devem se recordar de que "tostão a tostão faz um milhão". Da origem mesopotâmica à sofisticação moderna, o dinheiro é fonte de estudos e de especulações teóricas, não deixando nunca de evoluir.

Capítulo 1

# Cruzeiro Cr$

# A primeira moeda autenticamente brasileira

**CRUZEIRO**
**Período**
01/11/1942 a 12/02/1967
(24 anos e 3 meses)
**Obs.**
Em 02/12/1964,
os centavos foram extintos
**Inflação de jan/1945 a jan/1967**
18.556,05%
**Salário mínimo em 04/07/1940**
Cr$ 240
**Salário mínimo em 01/03/1966**
Cr$ 84.000

O Brasil demorou 442 anos para criar uma unidade monetária própria, sem nenhum vínculo com Portugal. E, se essa moeda tinha de ser genuinamente brasileira, nada mais justo do que batizá-la com o nome de um símbolo nacional — o cruzeiro. Quem propôs a designação, em 1891, foi o senador Ramiro Barcelos, em homenagem à constelação cruzeiro do sul, que já estava representada no escudo de armas e na bandeira do Brasil. A era dos réis já durava séculos e, às vezes, parecia eterna. Era cada vez mais nítida a necessidade de uma reforma que lhe desse fim.

Ao "nascer para o mundo", em abril de 1500, o Brasil estava fadado a ter a mesma unidade monetária de Portugal. Mas a adoção da moeda lusitana não foi imediata. Durante as três primeiras décadas após o "descobrimento", índios e portugueses se relacionaram por meio do escambo — uma forma de pagamento baseada na troca de mercadorias. A metrópole só impôs o real português ao Brasil ao optar pela colonização, por volta de 1530. Também circularam no País moedas de origem espanhola e holandesa, bem como o zimbo (uma concha típica da África). De qualquer forma, o real português se consolidou em 1694, com a criação da Casa da Moeda.

Em 8 de outubro de 1833, entrou em vigor o mil-réis, que tinha o real como base. De acordo com a nova nomenclatura, um milhão de réis passou a se chamar um conto. Eis que o advento da República desencadeou uma onda nacionalista que culminou na mudança da Constituição, da bandeira e do hino nacional. A reforma monetária parecia questão de tempo, ainda mais em 1891, quando o senador Amaro Cavalcanti apresentou um projeto com esse objetivo. Um dos artigos previa a cunhagem de três moedas: a meia libra brasileira (ao valor de 5 réis), a libra brasileira (10 réis) e a dobla (20 réis).

Ao tomar contato com a proposta, Ramiro Barcelos apresentou uma emenda histórica, que homenageava a constelação cruzeiro do sul. O senador propôs que a meia libra, a libra brasileira e a dobla passassem a se chamar, respectivamente, meio cruzeiro,

cruzeiro e duplo cruzeiro. Mais dois senadores, Américo Lobo e Eliseu Martins, endossaram a homenagem. O projeto de Cavalcanti foi aprovado, incorporando a emenda de Barcelos, entre outras alterações. Porém, como muitos projetos da época, não teve continuidade e caiu no esquecimento.

Até mesmo Portugal, no começo do século 20, substituiu aos poucos o real — pelo luso, pelo cruzado e, finalmente, pelo escudo republicano. Nem assim o Brasil adotou um padrão monetário próprio. A discussão foi retomada na década de 1920, pelo professor de Direito Juscelino Barbosa e pelo engenheiro Fernando Labourian. No decreto 5.108, de 1926, o presidente Washington Luís oficializava o cruzeiro como padrão monetário, já estabelecendo a subdivisão em centavos. A medida, uma vez mais, não foi posta em prática, provavelmente por causa das questões políticas e sociais, que alteraram os rumos do Brasil e levaram à deposição de Washington Luís.

Já nos anos 30, três projetos de lei — todos de autoria do deputado Mário de Andrade Ramos — propunham a reforma monetária. A Casa da Moeda, estimulada pelo presidente Getúlio Vargas, também fez estudos e propostas a favor da adoção do cruzeiro. Tudo em vão. A década seguinte, porém, abriu caminho para uma mudança. Os surtos inflacionários forçavam a emissão de moedas e cédulas com valores cada vez mais altos. No começo dos anos 40, o Brasil já tinha 56 tipos diferentes de dinheiro em circulação. Para simplificar o sistema monetário — mas não exatamente reformá-lo —, Getúlio Vargas instituiu, finalmente, o cruzeiro (Cr$), por meio do decreto-lei 4.791, de 5 de outubro de 1942. Eram tempos de II Guerra Mundial, e a inflação desvalorizava o dinheiro nacional. Para reverter essa situação, o cruzeiro começou a circular, valendo o equivalente a 1.000 réis.

Em vez de emitir novas cédulas, inicialmente o sistema aproveitou oito modelos do padrão anterior. Uma dessas notas — a de 1.000 réis — foi utilizada, valendo o equivalente a 1 cruzeiro, sem nenhum tipo de diferenciação. As outras sete receberam dois carimbos (dupla superimpressão), que indicavam a nova unidade monetária e a correção do valor de face (ver na página seguinte).

## 1 CRUZEIRO

**Anverso:** Campos Salles
**Reverso:** Armas da República
**Dimensões:** 12,3cm x 6,2cm
**Órgão emissor:** Banco do Brasil
**Fabricante:** American Bank Note Company
**Período de circulação:** 1944 a 1953

Saiba mais nas páginas 55 e 180

### De mão em mão

A exemplo das cédulas de cruzeiro emitidas em 1943 e 1944, as notas do padrão mil-réis geralmente vinham autografadas a caneta tinteiro por funcionários da antiga Caixa de Amortização. Como ficavam empilhadas, era comum a cédula de baixo marcar o reverso da cédula de cima, como acontece principalmente nas notas de 1 e 100 cruzeiros.

## 5 CRUZEIROS

**Anverso:** Barão do Rio Branco
**Reverso:** Indústria e Comércio
**Dimensões:** 16,2cm x 7,4cm
**Órgão emissor:** Tesouro Nacional
**Fabricante:** American Bank Note Company
**Período de circulação:** 1942 a 1955

Saiba mais na página 101

## 10 CRUZEIROS

**Anverso:** Campos Salles
**Reverso:** Avenida Beira-Mar, Rio de Janeiro
**Dimensões:** 17,1cm x 8,0cm
**Órgão emissor:** Tesouro Nacional
**Fabricante:** American Bank Note Company
**Período de circulação:** 1942 a 1955

Saiba mais na página 55

## 20 CRUZEIROS

**Anverso:** Marechal Deodoro
**Reverso:** Proclamação da República
**Dimensões:** 18,0cm x 8,3cm
**Órgão emissor:** Tesouro Nacional
**Fabricante:** American Bank Note Company
**Período de circulação:** 1942 a 1955

Saiba mais na página 144

## 50 CRUZEIROS

**Anverso:** Xavier da Silveira
**Reverso:** Monumento à independência
**Dimensões:** 13,9cm x 7,3cm
**Órgão emissor:** Tesouro Nacional
**Fabricante:** Waterlow & Sons Limited
**Período de circulação:** 1942 a 1952

Saiba mais na página 60

## 100 CRUZEIROS

**Anverso:** Afonso Pena
**Reverso:** Rio de Janeiro
**Dimensões:** 18,6cm x 8,6cm
**Órgão emissor:** Tesouro Nacional
**Fabricante:** American Bank Note Company
**Período de circulação:** 1942 a 1953

Saiba mais na página 58

## 200 CRUZEIROS

**Anverso:** Prudente de Moraes
**Reverso:** Palácio Monroe
**Dimensões:** 18,9cm x 8,7cm
**Órgão emissor:** Tesouro Nacional
**Fabricante:** American Bank Note Company
**Período de circulação:** 1942 a 1955

Saiba mais na página 53

## 500 CRUZEIROS

**Anverso:** Floriano Peixoto
**Reverso:** Armas da República
**Dimensões:** 19,3 x 8,9cm
**Órgão emissor:** Tesouro Nacional
**Fabricante:** American Bank Note Company
**Período de circulação:** 1942 a 1955

Saiba mais nas páginas 104 e 180

### A anã e a gigante

Com dimensões de 12,3 x 6,2cm e 19,3 x 8,9cm, as notas de 1 e 500 cruzeiros foram, respectivamente, a menor e a maior entre todas as cédulas que circularam no Brasil a partir de 1942. Em comparação, as atuais notas de real são aproximadamente 20% maiores que a cédula de 1 cruzeiro e 50% menores que a nota de 500.

As moedas do novo padrão começaram a ser cunhadas já em 1942, com os valores de 10, 20 e 50 centavos (sempre com a efígie de Vargas) e 1, 2 e 5 cruzeiros (estampando motivos nacionais, como o mapa do País e a constelação cruzeiro do sul).

**10 CENTAVOS**
**Anverso:** Getúlio Vargas
**Reverso:** sem motivos temáticos
**Diâmetro:** 1,70cm
**Peso:** 3,00g
**Espessura:** 2,00mm
**Material:** bronze-alumínio
**Órgão emissor:** Tesouro Nacional
**Fabricante:** Casa da Moeda do Brasi
**Período de circulação:** 17/10/1942 a 01/12/1964
**Datas de cunhagem:** 1942, 43, 44, 45, 46 e 47
**Siglas:** OM (Orlando Moutinho Maia) no anverso e BR (Benedito de Araújo Ribeiro) no reverso

Saiba mais na página 42

**20 CENTAVOS**
**Anverso:** Getúlio Vargas
**Reverso:** sem motivos temáticos
**Diâmetro:** 1,90cm
**Peso:** 4,00g
**Espessura:** 2,00mm
**Material:** bronze-alumínio
**Órgão emissor:** Tesouro Nacional
**Fabricante:** Casa da Moeda do Brasil
**Período de circulação:** 17/10/1942 a 01/12/1964
**Datas de cunhagem:** 1942, 43, 44, 45, 46, 47 e 48
**Siglas:** OM (Orlando Moutinho Maia) no anverso e reverso

**50 CENTAVOS**
**Anverso:** Getúlio Vargas
**Reverso:** sem motivos temáticos
**Diâmetro:** 2,10cm
**Peso:** 5,00g
**Espessura:** 2,00mm
**Material:** bronze-alumínio
**Órgão emissor:** Tesouro Nacional
**Fabricante:** Casa da Moeda do Brasil
**Período de circulação:** 17/10/1942 a 01/12/1964
**Datas de cunhagem:** 1942, 43, 44, 45, 46 e 47
**Siglas:** OM (Orlando Moutinho Maia) no anverso e reverso

## As últimas siglas

As primeiras moedas do cruzeiro seguiam o padrão anterior, que continha siglas de seus artistas gravadores. Em 1944, a Casa da Moeda aboliu as siglas. Ainda assim, é possível encontrá-las em moedas de 1945.

**1 CRUZEIRO**
**Anverso:** Mapa do Brasil
**Reverso:** Constelação Cruzeiro do Sul
**Diâmetro:** 2,30cm
**Peso:** 7,00g
**Espessura:** 2,30mm
**Material:** bronze-alumínio
**Órgão emissor:** Tesouro Nacional
**Fabricante:** Casa da Moeda do Brasil
**Período de circulação:** 17/10/1942 a 11/02/1968
**Datas de cunhagem:** 1942, 43, 44, 45, 46, 47, 49, 50, 51, 52, 53, 54, 55 e 56
**Siglas:** WT (Walter Rodrigues Toledo) no anverso e BR (Benedito de Araújo Ribeiro) no reverso

Saiba mais na página 184

**2 CRUZEIROS**
**Anverso:** Mapa do Brasil
**Reverso:** Constelação Cruzeiro do Sul
**Diâmetro:** 2,50cm
**Peso:** 8,00g
**Espessura:** 2,30mm
**Material:** bronze-alumínio
**Órgão emissor:** Tesouro Nacional
**Fabricante:** Casa da Moeda do Brasil
**Período de circulação:** 17/10/1942 a 11/02/1968
**Datas de cunhagem:** 1942, 43, 44, 45, 46, 47, 49, 50, 51, 52, 53, 54, 55 e 56
**Siglas:** WT (Walter Rodrigues Toledo) no anverso e no reverso

**5 CRUZEIROS**
**Anverso:** Mapa do Brasil
**Reverso:** Constelação Cruzeiro do Sul
**Diâmetro:** 2,70cm
**Peso:** 9,00g
**Espessura:** 2,30mm
**Material:** bronze-alumínio
**Órgão emissor:** Tesouro Nacional
**Fabricante:** Casa da Moeda do Brasil
**Período de circulação:** 17/10/1942 a 11/02/1968
**Datas de cunhagem:** 1942 e 43
**Siglas:** WT (Walter Rodrigues Toledo) no anverso e no reverso

O governo também adotou uma família de cédulas específicas para a nova unidade monetária. Suas características gerais estão presentes nas notas de 1, 2, 5, 10, 20, 50, 100, 200, 500, 1.000, 5.000 e 10.000 cruzeiros, lançadas entre 1943 e 1966. Traziam a estampa do próprio Vargas, dos imperadores brasileiros, de Pedro Álvares Cabral, entre outras personalidades. As cédulas foram produzidas em Nova Iorque (EUA), pela American Bank Note Company, tradicional fabricante do dinheiro nacional.

## 1 CRUZEIRO

**Anverso:** Marquês de Tamandaré
**Reverso:** Escola Naval do Rio de Janeiro
**Dimensões:** 15,7cm x 6,7cm
**Órgão emissor:** Tesouro Nacional
**Fabricante:** American Bank Note Company
**Período de circulação:** 14/12/1944 a 13/05/1967

Saiba mais na página 50

## 2 CRUZEIROS

**Anverso:** Duque de Caxias
**Reverso:** Escola Militar de Resende (RJ)
**Dimensões:** 15,7 x 6,7cm
**Órgão emissor:** Tesouro Nacional
**Fabricante:** American Bank Note Company
**Período de circulação:** 14/12/1944 a 13/05/1967

**Obs.:** Em 1953, os antigos autógrafos foram substituídos por duas microchancelas (assinaturas em tamanho reduzido impressas nas próprias cédulas). Os responsáveis pelas microchancelas eram o ministro da Fazenda e o diretor da Caixa de Amortização. Atualmente, quem assina, junto do ministro, é o presidente do Banco Central.

Saiba mais na página 50

## 5 CRUZEIROS

**Anverso:** Barão do Rio Branco
**Reverso:** Fronteiras do Amazonas
**Dimensões:** 15,7cm x 6,7cm
**Órgão emissor:** Tesouro Nacional
**Fabricante:** American Bank Note Company
**Período de circulação:** 16/11/1944 a 13/05/1967

Saiba mais na página 101

## 10 CRUZEIROS

**Anverso:** Getúlio Vargas
**Reverso:** Unidade Nacional
**Dimensões:** 15,7cm x 6,7cm
**Órgão emissor:** Tesouro Nacional
**Fabricante:** American Bank Note Company
**Período de circulação:** 11/04/1944 a 30/06/1972

Saiba mais na página 42

### Modéstia à parte...

Poucos presidentes brasileiros utilizaram a própria efígie nas cédulas — um hábito comum e até exagerado com o imperador Dom Pedro II. Na República Velha, Afonso Pena e Arthur Bernardes também se autopromoveram dessa forma. Desde então, apenas Vargas se fez representar em papel-moeda, lançando a cédula de 10 cruzeiros durante o Estado Novo. O culto à personalidade se tornou sinônimo de autoritarismo e caiu em desuso.

## 20 CRUZEIROS

**Anverso:** Marechal Deodoro
**Reverso:** Proclamação da República
**Dimensões:** 15,7cm x 6,7cm
**Órgão emissor:** Tesouro Nacional
**Fabricante:** American Bank Note Company
**Período de circulação:** 13/09/1944 até 30/06/1972

Saiba mais na página 144

## 50 CRUZEIROS

**Anverso:** Princesa Isabel
**Reverso:** Lei Áurea
**Dimensões:** 15,7cm x 6,7cm
**Órgão emissor:** Tesouro Nacional
**Fabricante:** American Bank Note Company
**Período de circulação:** 11/07/1944 a 30/06/1972

Saiba mais na página 124

## 100 CRUZEIROS

**Anverso:** Dom Pedro II
**Reverso:** Cultura brasileira
**Dimensões:** 15,7cm x 6,7cm
**Órgão emissor:** Tesouro Nacional
**Fabricante:** American Bank Note Company
**Período de circulação:** 06/09/1944 a 30/06/1972

Saiba mais na página 70

### De geração em geração

Princesa Isabel é filha de D. Pedro II, neta de D. Pedro I e bisneta de D. João VI. Todos os familiares da realeza estão homenageados, e em ordem, nas cédulas de 50, 100, 200 e 500 cruzeiros.

## 200 CRUZEIROS

**Anverso:** Dom Pedro I
**Reverso:** Independência do Brasil
**Dimensões:** 15,7cm x 6,7cm
**Órgão emissor:** Tesouro Nacional
**Fabricante:** American Bank Note Company
**Período de circulação:** 08/09/1943 a 30/06/1973

Saiba mais na página 92

## 500 CRUZEIROS

**Anverso:** Dom João VI
**Reverso:** Abertura dos portos
**Dimensões:** 15,7cm x 6,7cm
**Órgão emissor:** Tesouro Nacional
**Fabricante:** American Bank Note Company
**Período de circulação:** 25/09/1944 a 30/06/1973

Saiba mais na página 74

## 1.000 CRUZEIROS

**Anverso:** Pedro Álvares Cabral
**Reverso:** Primeira missa no Brasil
**Dimensões:** 15,7cm x 6,7cm
**Órgão emissor:** Tesouro Nacional
**Fabricante:** American Bank Note Company
**Período de circulação:** 08/09/1943 a 30/06/1973

**Saiba mais na página 216**

### Vida longa

Desde a primeira fase do cruzeiro, duas cédulas se destacaram pela longevidade. Lançadas em 1943, as notas de 200 cruzeiros (com Dom Pedro I) e de 1.000 cruzeiros (com Cabral) resistiram à implantação de mais dois padrões monetários. Só saíram definitivamente de cena após 30 anos de circulação.

## 5.000 CRUZEIROS

**Anverso:** Tiradentes
**Reverso:** Enforcamento
**Dimensões:** 15,7cm x 6,7cm
**Órgão emissor:** Tesouro Nacional
**Fabricante:** American Bank Note Company
**Período de circulação:** 09/08/1963 a 30/06/1974

**Saiba mais na página 166**

## 10.000 CRUZEIROS

**Anverso:** Santos Dumont
**Reverso:** 14-Bis
**Dimensões:** 16,4cm x 7,2cm
**Órgão emissor:** Tesouro Nacional
**Fabricante:** American Bank Note Company
**Período de circulação:** 08/1966 a 30/06/1975

**Saiba mais na página 76**

De 1949 a 1963, o mesmo modelo de notas serviu de base para uma segunda família. Com os valores de 2, 5, 10, 20, 50, 100, 200, 500, 1.000 e 5.000 cruzeiros, estas cédulas se diferenciavam das originais em dois aspectos: a empresa executora (desta vez, a inglesa Thomas de La Rue & Company Limited) e a cor predominante.

## 2 CRUZEIROS

**Anverso:** Duque de Caxias
**Reverso:** Escola Militar de Resende (RJ)
**Dimensões:** 15,7cm x 6,7cm
**Órgão emissor:** Tesouro Nacional
**Fabricante:** Thomas de La Rue & Company Limited
**Período de circulação:** 29/08/1955 a 13/05/1967

Saiba mais na página 50

## 5 CRUZEIROS

**Anverso:** Barão do Rio Branco
**Reverso:** Fronteiras do Amazonas
**Dimensões:** 15,7cm x 6,7cm
**Órgão emissor:** Tesouro Nacional
**Fabricante:** Thomas de La Rue & Company Limited
**Período de circulação:** 14/08/1950 a 13/05/1967

Saiba mais na página 101

## 10 CRUZEIROS

**Anverso:** Getúlio Vargas
**Reverso:** Unidade Nacional
**Dimensões:** 15,7cm x 6,7cm
**Órgão emissor:** Tesouro Nacional
**Fabricante:** Thomas de La Rue & Company Limited
**Período de circulação:** 24/08/1950 a 30/06/1972

Saiba mais na página 42

## 20 CRUZEIROS

**Anverso:** Marechal Deodoro
**Reverso:** Proclamação da República
**Dimensões:** 15,7cm x 6,7cm
**Órgão emissor:** Tesouro Nacional
**Fabricante:** Thomas de La Rue & Company Limited
**Período de circulação:** 04/08/1950 a 30/06/1972

Saiba mais na página 144

## 50 CRUZEIROS

**Anverso:** Princesa Isabel
**Reverso:** Lei Áurea
**Dimensões:** 15,7cm x 6,7cm
**Órgão emissor:** Tesouro Nacional
**Fabricante:** Thomas de La Rue & Company Limited
**Período de circulação:** 16/03/1949 a 30/06/1972

Saiba mais na página 124

## 100 CRUZEIROS

**Anverso:** Dom Pedro II
**Reverso:** Cultura brasileira
**Dimensões:** 15,7cm x 6,7cm
**Órgão emissor:** Tesouro Nacional
**Fabricante:** Thomas de La Rue & Company Limited
**Período de circulação:** 15/03/1949 a 30/06/1972

Saiba mais na página 70

## 200 CRUZEIROS

**Anverso:** Dom Pedro I
**Reverso:** Independência do Brasil
**Dimensões:** 15,7cm x 6,7cm
**Órgão emissor:** Tesouro Nacional
**Fabricante:** Thomas de La Rue & Company Limited
**Período de circulação:** 13/06/1951 a 30/06/1973

Saiba mais na página 92

## 500 CRUZEIROS

**Anverso:** Dom João VI
**Reverso:** Abertura dos portos
**Dimensões:** 15,7cm x 6,7cm
**Órgão emissor:** Tesouro Nacional
**Fabricante:** Thomas de La Rue & Company Limited
**Período de circulação:** 30/05/1949 a 30/06/1973

Saiba mais na página 74

## 1.000 CRUZEIROS

**Anverso:** Pedro Álvares Cabral
**Reverso:** Primeira missa no Brasil
**Dimensões:** 15,7cm x 6,7cm
**Órgão emissor:** Tesouro Nacional
**Fabricante:** Thomas de La Rue & Company Limited
**Período de circulação:** 19/12/1949 a 30/06/1973

Saiba mais na página 216

**5.000 CRUZEIROS**

**Anverso:** Tiradentes
**Reverso:** Enforcamento
**Dimensões:** 15,7cm x 6,7cm
**Órgão emissor:** Tesouro Nacional e Banco Central do Brasil
**Fabricante:** Thomas de La Rue & Company Limited
**Período de circulação:** 13/12/1963 a 30/06/1974

Saiba mais na página 166

A nota de 5 cruzeiros, lançada em 1961, foi resultado da primeira tentativa bem-sucedida de se produzir uma cédula no Brasil, sem o auxílio nem a assessoria de empresas estrangeiras. Seus motivos tipicamente nacionais (índio, jangada e vitória-régia) reforçavam a marca de brasilidade. Tratava-se da famosa "nota do índio".

**5 CRUZEIROS**

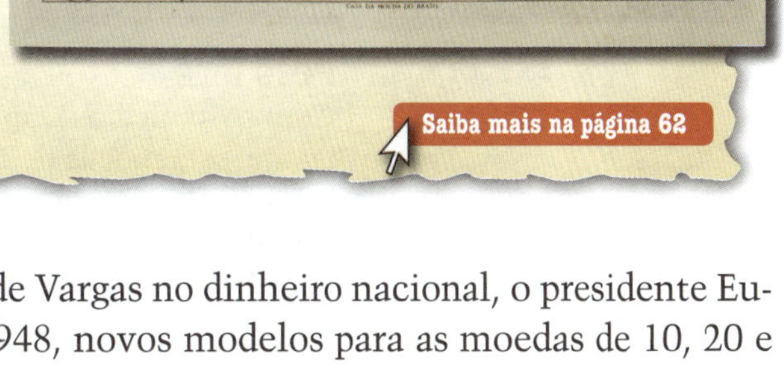


**Anverso:** Índio
**Reverso:** Vitória-régia
**Dimensões:** 15,6cm x 6,7cm
**Órgão emissor:** Tesouro Nacional
**Fabricante:** Casa da Moeda do Brasil
**Período de circulação:** 06/07/1961 a 13/05/1967

Saiba mais na página 62

A fim de substituir as representações de Vargas no dinheiro nacional, o presidente Eurico Gaspar Dutra mandou cunhar, em 1948, novos modelos para as moedas de 10, 20 e 50 centavos. As personalidades estampadas eram ele mesmo (Dutra), José Bonifácio e Rui Barbosa. Já em 1956 e 1957, outras moedas entraram em circulação. Variavam no valor de face (10, 20 e 50 centavos, 1 e 2 cruzeiros), bem como no material de cunhagem. Em comum, todas tinham como tema a República, simbolizada pelas Armas Nacionais.

**10 CENTAVOS**
**Anverso:** José Bonifácio
**Reverso:** sem motivos temáticos
**Diâmetro:** 1,70cm
**Peso:** 3,00g
**Espessura:** 2,00mm
**Material:** bronze-alumínio
**Órgão emissor:** Tesouro Nacional
**Fabricante:** Casa da Moeda do Brasil
**Período de circulação:**
20/04/1948 a 01/12/1964
**Datas de cunhagem:**
1947, 48, 49, 50, 51, 52, 53, 54 e 55

Saiba mais na página 48

**20 CENTAVOS**
**Anverso:** Rui Barbosa
**Reverso:** sem motivos temáticos
**Diâmetro:** 1,90cm
**Peso:** 4,00g
**Espessura:** 2,00mm
**Material:** bronze-alumínio
**Órgão emissor:** Tesouro Nacional
**Fabricante:** Casa da Moeda do Brasil
**Período de circulação:**
20/04/1948 a 01/12/1964
**Datas de cunhagem:**
1948, 49, 50, 51, 52, 53, 54, 55 e 56

Saiba mais na página 127

**50 CENTAVOS**
**Anverso:** Marechal Dutra
**Reverso:** sem motivos temáticos
**Diâmetro:** 2,10cm
**Peso:** 5,00g
**Espessura:** 2,00mm
**Material:** bronze-alumínio
**Órgão emissor:** Tesouro Nacional
**Fabricante:** Casa da Moeda do Brasil
**Período de circulação:**
20/04/1948 a 01/12/1964
**Datas de cunhagem:**
1948, 49, 50, 51, 52, 53, 54, 55 e 56

Saiba mais na página 46

**50 CENTAVOS**
**Anverso:** Armas Nacionais
**Reverso:** sem motivos temáticos
**Diâmetro:** 1,70cm
**Peso:** 3,00g
**Espessura:** 2,00mm
**Material:** bronze-alumínio
**Órgão emissor:** Tesouro Nacional
**Fabricante:** Casa da Moeda do Brasil
**Período de circulação:**
10/12/1956 a 01/12/1964
**Datas de cunhagem:** 1956

Saiba mais na página 180

**1 CRUZEIRO**
**Anverso:** Armas Nacionais
**Reverso:** sem motivos temáticos
**Diâmetro:** 1,90cm
**Peso:** 4,00g
**Espessura:** 2,00mm
**Material:** bronze-alumínio
**Órgão emissor:** Tesouro Nacional
**Fabricante:** Casa da Moeda do Brasil
**Período de circulação:**
10/12/1956 a 11/02/1968
**Datas de cunhagem:** 1956

**2 CRUZEIROS**
**Anverso:** Armas Nacionais
**Reverso:** sem motivos temáticos
**Diâmetro:** 2,10cm
**Peso:** 5,00g
**Espessura:** 2,00mm
**Material:** bronze-alumínio
**Órgão emissor:** Tesouro Nacional
**Fabricante:** Casa da Moeda do Brasil
**Período de circulação:**
10/12/1956 a 11/02/1968
**Datas de cunhagem:** 1956

**10 CENTAVOS**
**Anverso:** Armas Nacionais
**Reverso:** sem motivos temáticos
**Diâmetro:** 1,70cm
**Peso:** 1,00g
**Espessura:** 1,70mm
**Material:** alumínio
**Órgão emissor:** Tesouro Nacional
**Fabricante:** Casa da Moeda do Brasil
**Período de circulação:**
10/12/1956 a 01/12/1964
**Datas de cunhagem:**
1956, 57, 58, 59, 60 e 61

Saiba mais na página 180

## Peso leve

Com peso médio de apenas um grama, esta moeda de 10 centavos, lançada no primeiro ano de mandato de Juscelino Kubitscheck, foi a mais leve das moedas republicanas. Mesmo havendo outras menores, nenhuma pesou tão pouco. Tudo por causa de seu material — o alumínio, que, por razões econômicas, substituiu a liga bronze-alumínio.

**20 CENTAVOS**
**Anverso:** Armas Nacionais
**Reverso:** sem motivos temáticos
**Diâmetro:** 1,90cm
**Peso:** 1,40g
**Espessura:** 2,00mm
**Material:** alumínio
**Órgão emissor:** Tesouro Nacional
**Fabricante:** Casa da Moeda do Brasil
**Período de circulação:**
10/12/1956 a 01/12/1964
**Datas de cunhagem:**
1956, 57, 58, 59, 60 e 61

**50 CENTAVOS**
**Anverso:** Armas Nacionais
**Reverso:** sem motivos temáticos
**Diâmetro:** 2,10cm
**Peso:** 1,70g
**Espessura:** 2,00mm
**Material:** alumínio
**Órgão emissor:** Tesouro Nacional
**Fabricante:** Casa da Moeda do Brasil
**Período de circulação:**
19/07/1957 a 01/12/1964
**Datas de cunhagem:** 1957, 58, 59, 60 e 61

**1 CRUZEIRO**
**Anverso:** Armas Nacionais
**Reverso:** sem motivos temáticos
**Diâmetro:** 2,30cm
**Peso:** 2,40g
**Espessura:** 2,00mm
**Material:** alumínio
**Órgão emissor:** Tesouro Nacional
**Fabricante:** Casa da Moeda do Brasil
**Período de circulação:**
19/07/1957 a 11/02/1968
**Datas de cunhagem:** 1957, 58, 59, 60 e 61

**2 CRUZEIROS**
**Anverso:** Armas Nacionais
**Reverso:** sem motivos temáticos
**Diâmetro:** 2,50cm
**Peso:** 2,70g
**Espessura:** 2,00mm
**Material:** alumínio
**Órgão emissor:** Tesouro Nacional
**Fabricante:** Casa da Moeda do Brasil
**Período de circulação:**
19/07/1957 a 11/02/1968
**Datas de cunhagem:** 1957, 58, 59, 60 e 61

As últimas moedas do período foram lançadas em 1965, com temática nacionalista. As peças de 10 e 20 cruzeiros traziam no anverso o mapa do Brasil, enquanto a moeda de 50 cruzeiros apresentava a efígie da República e uma alegoria do café.

**10 CENTAVOS**
**Anverso:** Mapa do Brasil
**Reverso:** sem motivos temáticos
**Diâmetro:** 2,30cm
**Peso:** 2,15g
**Espessura:** 2,00mm
**Material:** alumínio
**Órgão emissor:** Banco Central do Brasil
**Fabricante:** Casa da Moeda do Brasil
**Período de circulação:**
28/06/1965 a 12/02/1968
**Datas de cunhagem:** 1965

**20 CENTAVOS**
**Anverso:** Mapa do Brasil
**Reverso:** sem motivos temáticos
**Diâmetro:** 2,50cm
**Peso:** 2,45g
**Espessura:** 2,00mm
**Material:** alumínio
**Órgão emissor:** Banco Central do Brasil
**Fabricante:** Casa da Moeda do Brasil
**Período de circulação:**
28/06/1965 a 12/02/1968
**Datas de cunhagem:** 1965

**50 CENTAVOS**
**Anverso:** Efígie da República
**Reverso:** Ramo de café
**Diâmetro:** 1,80cm
**Peso:** 3,30g
**Espessura:** 1,70mm
**Material:** cuproníquel
**Órgão emissor:** Banco Central do Brasil
**Fabricante:** Casa da Moeda do Brasil
**Período de circulação:**
28/06/1965 a 12/02/1968
**Datas de cunhagem:** 1965

Saiba mais na página 180

Os centavos foram extintos por meio da lei 4.511, promulgada em 1º de dezembro de 1964 pelo presidente Castello Branco. Mas o cruzeiro ainda circularia até fevereiro de 1967, quando seria substituído pelo cruzeiro novo.

## GETÚLIO VARGAS

**Getúlio Dornelles Vargas**
**★19/04/1883, em São Borja (RS)**
**†24/08/1954, no Rio de Janeiro (RJ)**

# O protagonista da República

O político mais influente da História do Brasil queria seguir carreira militar, mas acabou optando pelo curso de Direito na Universidade de Porto Alegre. Iniciou sua vida política como deputado estadual pelo Partido Republicano Rio-grandense (PRR) — cargo que ocupou de 1909 a 1912 e de 1917 a 1921. Sob a mesma legenda, foi indicado e eleito à Câmara dos Deputados, onde permaneceu de 1923 a 1926.

Durante a presidência de Washington Luís, foi ministro da Fazenda. Abandonou o posto em janeiro de 1928, para tomar posse no governo do Rio Grande do Sul. Alinhado com as idéias sulistas que se opunham à política do café-com-leite, formou a Aliança Liberal, que lançou a candidatura dele à presidência. Derrotado nas urnas pelo candidato paulista, Júlio Prestes, reassumiu o governo gaúcho e participou do movimento que culminaria no Golpe de 1930. Em três semanas, o movimento acabou vitorioso, e Washington Luís entregou o poder a uma junta militar.

A partir desse momento — e não só ao morrer, deixando a carta-testamento —, Getúlio Vargas entrou para a História. Pouca importância se dá a suas realizações anteriores a 1930. Não que lhes falte valor. É que o mito de Vargas nasceu junto ao golpe que o levou ao poder provisório, em 3 de novembro. Nos 24 anos seguintes, a cena política brasileira não teve outro protagonista, nem mesmo quando o depuseram.

O primeiro governo foi provisório apenas no nome. Depois de dissolver o Congresso Nacional e as assembléias estaduais, Vargas nomeou interventores estaduais que, em tese, governariam até a elaboração de uma nova Carta Magna. A demora na convocação da Assembléia Constituinte descontentava a oligarquia cafeeira, principalmente os paulistas, que promoveram a Revolução Constitucionalista em 1932. Sem contar com o apoio dos outros estados, a revolta em São Paulo foi sufocada em 70 dias.

Em 1933, Vargas convocou a Assembléia Constituinte e foi eleito presidente por voto indireto. A nova Constituição, promulgada em 16 de junho de 1934, estabelecia o mandato presidencial de quatro anos, com eleições diretas, sem reeleição imediata. De todo modo, ficou conhecida pelas leis trabalhistas, como o salário mínimo, o repouso semanal obrigatório, as férias remuneradas, o 13° salário e a jornada diária de oito horas.

Contra a tendência centralizadora demonstrada por Vargas, surgiram duas forças ideológicas: a Ação Integralista Brasileira (AIB), fundada em 1933 e encabeçada por Plínio Salgado, de orientação fascista; e a Aliança Nacional Libertadora (ANL), de 1935, liderada por Luís Carlos Prestes, sob inspiração comunista. A crescente "ameaça vermelha" era enfatizada e combatida por Vargas. A ANL foi declarada clandestina em 11 de julho de 1935. Sua extinção provocou a reação de setores militares identificados com seu programa político.

Assim eclodiu, em novembro daquele ano, a "Intentona Comunista", também comandada por Prestes. O governo desencadeou a repressão aos opositores. Mais de 6.000 pessoas foram presas, e Prestes passou dez anos confinado. Vargas se aproveitou da situação para declarar estado de sítio no País. A divulgação da descoberta do fictício Plano Cohen — em que os comunistas supostamente planejavam tomar violentamente o poder, queimando igrejas e massacrando a população — serviu de pretexto para o golpe final. Um novo regime, que seria conhecido como Estado Novo, foi anunciado. O ano era 1937.

Na mesma manhã, promulgou-se uma nova Constituição, apelidada de "Polaca", por ter sido inspirada no autoritário regimento polonês. O presidente se tornou a autoridade suprema da nação, com poderes para legislar por decretos-leis. Greves estavam proibidas. Os recursos minerais, as fontes de energia, os bancos, as companhias de seguro e as indústrias de base passaram para o controle estatal. A mídia sofreria censura, exercida pelo Departamento de Imprensa e Propaganda (DIP). Todos os locais públicos deveriam exibir a foto do presidente.

Durante o Estado Novo, Vargas perseguiu e prendeu inimigos políticos, adotou medidas econômicas nacionalizantes e deu continuidade à política trabalhista, com a CLT (Consolidação das Leis Trabalhistas) em 1943. Conseguia, assim, o apoio popular, ganhando o epíteto de "pai dos pobres". Durante a II Guerra Mundial (1939-1945), procurou tirar vantagem tanto do Eixo quanto das Tropas Aliadas. Instigado pelos Estados Unidos, assumiu posição contra o Eixo apenas em 1942 — o Brasil chegou a tomar empréstimo do governo norte-americano, para a construção da Companhia Siderúrgica Nacional. Com a derrota dos nazi-fascistas, a própria existência de um regime ditatorial entrou em contradição, o que contribuiu para o fim do Estado Novo. Vargas foi derrubado em 1945 pelas mesmas forças que o haviam posto no poder. Sob pressão, convocou eleições presidenciais, vencidas pelo candidato Eurico Gaspar Dutra, ex-ministro de Guerra do Estado Novo.

Na segunda metade da década de 1940, elegeu-se senador por São Paulo e Rio Grande do Sul, além de deputado federal por sete estados. Não assumiu nenhum dos cargos, preferindo refugiar-se na fazenda de sua propriedade em São Pedro. Em 1951, voltou à presidência — agora eleito pelo voto direto. A campanha e a eleição foram marcadas por versos de uma marchinha muito popular no período: "Bota o retrato do velho outra vez / Bota no mesmo lugar / O sorriso do velhinho / Faz a gente trabalhar".

O presidente continuou com a política nacionalista, limitando o capital externo. Com a campanha "O Petróleo é Nosso", criou a Petrobrás e expandiu a siderúrgica de Volta Redonda. Os opositores temiam mais um golpe e iniciaram a campanha antigetulista. O atentado na Rua Toneleros contra o jornalista Carlos Lacerda, um dos principais líderes da oposição, apenas aumentou as pressões — o crime foi atribuído a Gregório Fortunato, chefe da guarda palaciana. Em 21 de agosto de 1954, 16 dias após o atentado, o vice-presidente Café Filho sugeriu a Vargas que eles renunciassem, deixando o Congresso escolher um sucessor interino para o restante do mandato. O clima de tensão se intensificava.

Pressionado para deixar o poder e já sem tanto apoio popular, o presidente cometeu suicídio com um tiro no coração, na madrugada de 24 de agosto de 1954, dentro do Palácio do Catete. Segundo o jornalista e escritor Carlos Heitor Cony, Getúlio havia matado Vargas. Mas o sobrenome do presidente nunca mais seria esquecido.

Criador do poderoso Departamento de Imprensa e Propaganda, Getúlio Vargas caprichou na autopromoção. Nenhum presidente republicano se utilizou tanto do status para se retratar no dinheiro nacional. Depois de lançar o cruzeiro, primeiro padrão monetário genuinamente brasileiro, o chefe do Estado Novo fez cultuar a própria imagem, por meio de efígies, nas cédulas de 10 cruzeiros. Atrás, no reverso, havia uma alegoria da unidade nacional, de autoria da American Bank Note Company.

Em 1967, a cédula foi reaproveitada, passando a valer 1 centavo de cruzeiro novo. Foi a nota de menor valor facial na história do dinheiro brasileiro.

A autoridade de Vargas se denunciou mesmo nas moedas de 10, 20 e 50 centavos de cruzeiros, lançadas na década de 1940. Sua efígie está em cada uma delas. Era a sacada de Vargas, outra tentação autoritária típica do populismo. Presente nas mãos do povo, por meio das moedinhas de menor valor, Vargas assumia definitivamente o papel de "pai dos pobres".

## MARECHAL DUTRA

**Eurico Gaspar Dutra**
**★18/05/1883, em Cuiabá (MT)**
**†11/06/1974, no Rio de Janeiro (RJ)**

# De caso com os EUA

Aos 20 anos, o jovem Eurico teve de mentir a idade para entrar no Exército. Só foi aceito quando apresentou uma certidão de nascimento forjada, que o deixava dois anos mais novo — idade condizente com seu físico franzino. Após estudar na Escola Preparatória e de Tática em Rio Pardo (RS), ele se matriculou na Escola Militar da Praia Vermelha, no Rio de Janeiro. Acabou sendo expulso por participar, em 1904, de um levante contra o presidente Rodrigues Alves. Anistiado, concluiu os estudos na Escola de Guerra de Porto Alegre. E iniciou uma ascensão pouco vista na História do Brasil.

Na década de 1920, Eurico já era Dutra. Liderou a repressão a movimentos comunistas e levantes tenentistas, em especial à Coluna Prestes. Lutou ao lado do governo contra a Revolução Constitucionalista de São Paulo, em 1932. Quatro anos depois, foi nomeado ministro de Guerra e se tornou um dos homens fortes do Estado Novo. Procurou modernizar o Exército, dividindo-se, conforme a conveniência do momento, entre o apoio à Alemanha e aos Estados Unidos, com mais simpatia aos alemães. Deu início também à perseguição aos comunistas. Com o término da guerra, passou a defender a redemocratização do País e, embora tenha sido um dos mais fiéis colaboradores de Vargas, ficou ao lado dos oficiais que destituíram o presidente em outubro de 1945. Mesmo assim, contou com o discreto apoio de Vargas no final da campanha e foi eleito presidente, vencendo o Brigadeiro Eduardo Gomes nas urnas.

Já no primeiro ano de governo, 1946, foi promulgada a quinta Constituição do Brasil, que marcou o retorno do País ao regime democrático após anos de Estado Novo. O novo texto garantia o voto secreto e universal para os maiores de 18 anos, excluindo-se os analfabetos (mais da metade da população), cabos, soldados e índios. Ainda em 1946, criou o Serviço Social da Indústria (SESI) e o Serviço Social do Comércio (SESC). Também proibiu os "jogos de azar", decretando o fechamento dos cassinos.

O governo foi marcado pela criação do plano SALTE (Saúde, Alimentação, Transporte e Energia), responsável por obras e realizações em todo país, como a pavimentação da Rodovia Rio–São Paulo (hoje Via Presidente Dutra), a abertura da rodovia Rio–Bahia e a instalação da Companhia Hidrelétrica do São Francisco na Cachoeira de Paulo Afonso. Na área econômica, o País foi afetado, após o fim da II Guerra Mundial, pela desvalorização de seus principais produtos de exportação. A demanda e o preço de matérias-primas brasileiras, em geral, sofreram fortes reduções. Por outro lado, o governo manteve a moeda num alto patamar, estimulando a importação de máquinas e equipamentos. A essa redução brusca das divisas se somaram os seguidos déficits orçamentários e os polpudos pagamentos da dívida externa — o que acarretou desequilíbrio financeiro.

Na política externa, o País se alinhou aos Estados Unidos na Guerra Fria. Dutra fechou o Partido Comunista do Brasil (PCB) e rompeu relações diplomáticas com a União Soviética. Realizou, na cidade de Petrópolis, a Conferência Interamericana da Manutenção da Paz e Segurança do Continente, com a presença do presidente americano Harry Truman.

O governo Dutra procurou apagar os resquícios do Estado Novo e do populismo varguista. Em compensação, o presidente mandou cunhar a própria efígie na moeda de 50 centavos de cruzeiro, assemelhando-se a Vargas. Ainda que Dutra tenha sido eleito democraticamente, a tentação autoritária já havia virado moda, como se viu na dissolução do PCB e no rompimento de relações diplomáticas com a União Soviética. O marechal não titubeou e se autopromoveu.

# De braço direito a pedra no sapato

O arquiteto da independência do Brasil foi um dos principais colaboradores e mais férreos opositores de Dom Pedro I. Vindo de uma rica família de aristocratas rurais, José Bonifácio foi estudar na Universidade de Coimbra aos 21 anos. Formado em Direito Civil e Filosofia Natural, foi influenciado pelas idéias liberais que se espalhavam pela Europa na época.

Voltou ao Brasil aos 56 anos e logo se tornou figura de projeção nacional como vice-presidente da Junta Governativa de São Paulo. Ao lado dos seus irmãos, Antônio Carlos e Martim Francisco, formava o grupo conhecido como os Andradas. Os três participaram ativamente da vida política brasileira durante os primeiros anos do governo de Dom Pedro I, chegando a ser apontados como os homens mais poderosos do Primeiro Reinado. Bonifácio, o mais famoso, foi convidado a assessorar o príncipe regente, convertendo-se no primeiro brasileiro a ocupar um ministério, o do Reino, em janeiro de 1822. Pouco tempo depois, tornou-se o homem de confiança de Dom Pedro e seu mais influente ministro. Descontente com as atitudes recolonizadoras de Lisboa, Bonifácio planejou a separação de Portugal e instigou Dom Pedro a fazê-la. Tal posicionamento lhe rendeu, em publicações partidárias da independência, os epítetos de "Pai da Pátria", "Timoneiro da Independência" e "o Patriarca".

Concretizada a emancipação, os conflitos entre os partidos que formavam o ministério enfraqueceram o poder do então ministro, que cada vez mais se atritava com as medidas autoritárias do imperador. Bonifácio acabou por se afastar dos Conselhos da Coroa em 1823 e iniciou forte oposição a Dom Pedro. Atacou o reinado por meio dos jornais *O Tamoio* e *A Sentinela*, defendendo a aprovação de uma nova Constituição que limitasse os poderes do Executivo. No mesmo ano, foram decretadas sua prisão e sua deportação para a Europa.

Voltou ao Brasil em 1829 e se reaproximou do imperador, que, ao abdicar a Coroa, dois anos depois, indicou Bonifácio para tutor de seu filho — o futuro Dom Pedro II. Em 1833, foi destituído da tutoria pelo governo provisório da Regência, ficando em prisão domiciliar até 1835, quando terminou o processo-crime instaurado contra ele. A acusação: suspeita de participar da conspiração que pretendia restaurar Dom Pedro I ao poder.

É apenas uma moedinha de 10 centavos, mas lá está a homenagem a José Bonifácio, cuja efígie o expõe de perfil — uma praxe na época. O Patriarca da Independência foi um dos primeiros políticos nacionalistas do País. Não foi por outra razão que sua imagem foi escolhida para estampar uma moeda em pleno governo Dutra. Por sinal, ao tomar posse no cargo de presidente, o marechal afirmou ser "o presidente de todos os brasileiros". O "perigo comunista" se tornou, em seu governo, um inimigo declarado tão evidente quanto era a metrópole portuguesa para José Bonifácio.

# Os protetores das forças armadas

Barão do Rio Branco se tornou patrono da diplomacia brasileira por vencer disputas internacionais sem disparar um único tiro. Diferentemente dele, Duque de Caxias e Marquês de Tamandaré se tornaram protetores, respectivamente do Exército e da Marinha, após defenderem o Brasil em conflitos invariavelmente sangrentos.

Durante o turbulento período imperial, foi sobretudo a eles que coube a defesa da pátria. Caxias e Tamandaré se mostraram leais aos imperadores brasileiros e aos governantes regenciais. Juntos, no século 19, lideraram a resistência do governo em rebeliões provinciais, como a Balaiada, e em conflitos externos, como a Guerra do Paraguai (1864-1970). Mantiveram, assim, a união nacional e elevaram o nome das forças armadas. No fim da vida, exerceram cargos públicos.

Marquês de Tamandaré começou a se destacar na Marinha durante a Confederação do Equador. Participou das lutas no Rio da Prata e ajudou a debelar as revoltas provinciais, como a Cabanagem e a Revolução Praieira. Após o êxito na Guerra do Paraguai, recebeu o título de almirante. Apesar de ter vínculos estreitos com o imperador e de ter sido contrário à proclamação da República, assumiu o Ministério do Supremo Tribunal Militar logo no começo do novo regime. Em 13 de dezembro, data de seu aniversário, comemora-se o Dia do Marinheiro.

Duque de Caxias lutou na Guerra Cisplatina e na Revolução Farroupilha, entre outros conflitos. Embora conhecido como "o Pacificador", promovia ofensivas radicais, confundindo e aniquilando os inimigos. Amigo de Dom Pedro II, foi seu ministro de Guerra por seis anos. O Dia do Soldado, 25 de agosto, é uma homenagem ao patrono do Exército — foi nessa data que ele nasceu.

As efígies de Duque de Caxias e Marquês de Tamandaré estão entre as primeiras cédulas próprias do cruzeiro, na década de 1940. Detentores de alta patente e de títulos nobiliárquicos, serviram à pátria, sendo símbolos de precocidade, bravura e liderança. É em reconhecimento a seus serviços — e também ao empenho das forças armadas — que Tamandaré e Caxias receberam homenagem no dinheiro nacional. O patrono da Marinha aparece grisalho, com sua peculiar barba branca, na nota de 1 cruzeiro.

No reverso, estampa-se, em dia de céu claro, a Escola Naval, no Rio de Janeiro. Fundada em 1782, na cidade de Lisboa, em Portugal, essa instituição foi transferida para o Brasil em 1808, junto com a família real. É a mais antiga escola de ensino superior no País.

As duas versões da cédula de 2 cruzeiros se diferenciavam pela cor predominante, mas em ambas o destaque era para Duque de Caxias. Sua figura imponente, com feição grave, sobressai no anverso.

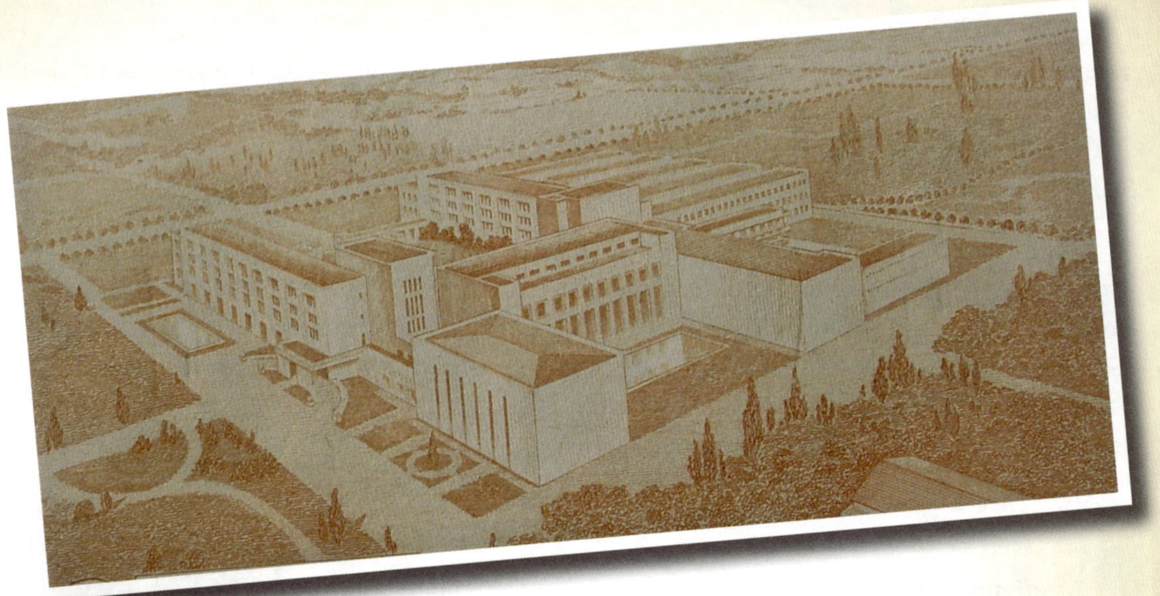

Do outro lado da nota se expõe uma vista panorâmica da Escola Militar de Resende (atual Academia Militar das Agulhas Negras), no Rio de Janeiro.

O duque foi novamente retratado na cédula de 100 cruzeiros, de 1981. A efígie é menos formal, seguindo uma tradição do período.

No reverso, é feita uma referência aos conflitos internos em que Caxias chefiou o Exército e ajudou a liquidar a resistência. A imagem em questão é um detalhe da gravura *Villa de Queluz*, de Heaton & Rensburg, e se chama *Entrada das Forças do Galvão 700 Peças*. Está presente no livro *História do Movimento Político que no Ano de 1842 Teve Lugar na Província de Minas Gerais*, de Cônego José Antônio Marinho. Em meio à ditadura, o presidente Figueiredo lançou a nota e recuperou o símbolo mais emblemático das forças armadas.

# PRUDENTE DE MORAES

**Prudente José de Moraes Barros**
**★04/10/1841, em Itu (SP)**
**✝03/12/1902, em Piracicaba (SP)**

## A vez dos civis

Depois de Deodoro da Fonseca e Floriano Peixoto — que governaram o Brasil de 1889 a 1894 —, foi a vez de Prudente de Moraes assumir a presidência, em meio a uma aguda crise política e a várias rebeliões sociais. O fazendeiro paulista já havia concorrido à presidência em 1889, mas perdeu a eleição para o marechal Deodoro. As dificuldades enfrentadas pelos militares, nos primeiros anos de República, abriram caminho para um civil, finalmente, chefiar o Estado, a partir de 15 de novembro de 1894.

Mas o êxito na eleição não dissipou os conflitos nem as disputas pelo poder. Em novembro de 1896, Prudente de Moraes adoeceu gravemente e teve de se licenciar por mais de cem dias. Nesse período, o vice, Manuel Vitorino Pereira, assumiu interinamente e alterou as diretrizes do governo, tramando uma república centralizada e antifederalista. Todos os ministros "prudentinos" foram exonerados, dando lugar a "florianistas" (simpatizantes das idéias de Floriano Peixoto, o "Marechal de Ferro"). Ao retomar o cargo, em março de 1897, Prudente inverteu o golpe e enfraqueceu Vitorino.

A manobra do vice não foi a pior adversidade que o presidente enfrentou. Em seus quatro anos de mandato, os conflitos pipocavam no Brasil inteiro, como a rebelião de alunos na Escola Militar da Praia Vermelha; a Revolta de Canudos no interior baiano; a Revolução Federalista nos pampas gaúchos; e a invasão inglesa nas ilhas de Martim Vaz e Trindade. Para debelá-los, Prudente sofreu resistência e oposição de seus adversários. Os florianistas o detrataram sumariamente quando ele anistiou rebeldes gaúchos para encerrar, de vez, a Revolução Federalista. O presidente penou mais ainda com os sertanejos liderados por Antonio Conselheiro, que só caíram após quatro batalhas. Seus impasses e suas hesitações lhe valeram a alcunha de "Prudente Demais".

Houve problemas até na solenidade festiva em comemoração ao fim da Guerra de Canudos. Um cabo do Exército tentou assassinar o presidente, mas a vítima foi o ministro de Guerra, marechal Carlos Machado Bittencourt, que, atingido por um punhal, morreu na hora. Prudente de Moraes aproveitou o episódio como pretexto para decretar estado de sítio no País. O Clube Militar foi fechado, deputados e senadores foram presos, e os fazendeiros saíram fortalecidos. O governo obteve empréstimo da Inglaterra, promovendo incentivos à cafeicultura. O Brasil que Prudente de Moraes entregou a seu sucessor, Campos Salles, era um país mais estável. Mas a ameaça de falência não estava descartada.

A cédula de 200 cruzeiros, adaptada da nota de 200 mil réis, traz no anverso uma tradicional efígie de Prudente de Moraes.

Símbolo da força e da resistência dos civis na presidência, trata-se de uma homenagem ao político paulista que encarou as numerosas adversidades de seu governo.

No reverso da cédula, estampa-se o Palácio Monroe, antiga sede do Senado Federal. Foi lá que, entre 1890 e 1894, Prudente exerceu, com destaque, o cargo de senador e presidente do Congresso. Sua atuação o credenciou ainda mais para assumir, posteriormente, a presidência da República.

# CAMPOS SALLES

Manuel Ferraz de Campos Salles
★ 15/02/1841, em Campinas (SP)
† 28/06/1913, em Santos (SP)

## As voltas que a política dá

Quando assumiu o ministério da Justiça, logo após a proclamação da República, Campos Salles era um dos nomes mais respeitados da política brasileira. Ainda no período imperial, defendia como poucos os ideais republicanos, escrevendo artigos para jornais e elegendo-se para diversas funções parlamentares. Como ministro, publicou os códigos Penal e Comercial.

Salles chegou à presidência da República em 1898, dois anos após se eleger presidente do estado de São Paulo. Tinha assistido de perto à ruína política do marechal Deodoro e estava mais preocupado com a governabilidade do que com a fidelidade partidária. Seu pragmatismo resultou na "política dos governadores" e na "República do Café-com-Leite", que mantiveram paulistas e mineiros na presidência até 1930 (*veja box na página 57*).

Bem-sucedido na política, o presidente cairia em desgraça por causa da recessão econômica. Antes mesmo de tomar posse, conseguiu um empréstimo na Inglaterra de 10 milhões de libras — o *funding loan*. Com isso, pagou em três anos os juros de uma dívida contraída por seu antecessor, Prudente de Moraes, derrotou a inflação e evitou que o País fosse à falência.

As medidas, no entanto, desagradaram à população. O caso mais ilustre foi o da inesperada "Lei dos selos", decretada no começo do mandato, para aumentar o imposto sobre as estampilhas postais. A oposição passou a chamar o presidente, ironicamente, de "Campos Selos". Para piorar, uma das garantias para a obtenção do *funding loan* era não buscar empréstimos até 1901. Salles acabou adotando a política recessiva proposta por Joaquim Murtinho, ministro da Fazenda. Impostos altos, deflação, quebradeiras, protestos e greves provocaram "o pânico de 1900".

O governo até contornou, minimamente, os problemas do Tesouro, mas a um preço muito alto. Ao se despedir do Palácio do Catete, Salles foi hostilizado pela população, recebendo vaias de rua em rua — os cariocas ainda apedrejaram o trem que ele tomou na volta para São Paulo. É possível afirmar que o político paulista foi o presidente mais impopular da História do Brasil, atrás apenas (e talvez) de Fernando Collor de Mello.

Campos Salles, idealizador da "política dos governadores", traçou o destino da República Velha. De 1894 a 1930, o Rio de Janeiro, capital federal, abrigou apenas paulistas e mineiros na presidência da República — as exceções são o gaúcho Hermes da Fonseca (1910-1914) e o paraibano Epitácio Pessoa (1919-1922).

O político paulista foi retratado em duas cédulas do padrão réis que foram utilizadas na primeira fase do cruzeiro. A nota de 1.000 réis circulou sem alterações — nem mesmo um carimbo — e tinha no reverso o brasão de armas da República. Apesar da falta de identificação, valia 1 cruzeiro.

Já a cédula de 10 cruzeiros, originária da nota de 10 mil réis, trazia Campos Salles no anverso e a avenida Beira-Mar no reverso. Com sua imponente paisagem, a via carioca é um símbolo da modernização do Rio de Janeiro durante o governo de Rodrigues Alves — o presidente que sucedeu Salles.

## TUDO PELO PODER

Ao tomar posse na presidência, Campos Salles negociou um pacto entre os dois mais antigos partidos republicanos do País — o mineiro e o paulista, ao qual ele era filiado. Com esse acordo, o presidente da República deveria pertencer ou ao estado de São Paulo (maior produtor de café) ou a Minas Gerais (onde havia gado bovino — e leite, portanto — à farta). Daí a expressão República do Café-com-Leite.

A troca de favores se converteu numa prática corrente em todas as esferas da política. Nos governos dos estados, o presidente apoiava os representantes dos grupos mais fortes, mesmo se eles não fossem de seu partido. Outra forma de garantir aliados fiéis era nomear ministros socialmente poderosos, mas alheios à política. Tratava-se da "política dos governadores". O regimento interno da Câmara Federal foi alterado, e a Comissão Verificadora de Poderes (CVP) passou a diplomar e empossar apenas candidatos eleitos por partidos da base governista.

Não havia lisura nas eleições. Os coronéis cooptavam eleitores com agrados (sapatos, roupas, dentaduras, etc.) e promessas de grandes obras sociais (hospitais e escolas, por exemplo). Como o voto não era secreto, mas "de cabresto", os "currais eleitorais" estavam sob a tutela dos coronéis. E mesmo se eleitores os traíssem, votando em outros candidatos, dificilmente a elite ficaria de fora do poder. Afinal, a CVP barraria dissidentes e oposicionistas, sendo chamada, por isso, de "Comissão da Degola".

Baseados na "política dos governadores" e no coronelismo, os vícios da República do Café-com-Leite, ou República Oligárquica, em nada contribuíram para a democracia brasileira. Pior: duram, de certa forma, até os dias de hoje.

### OS PRESIDENTES DA REPÚBLICA VELHA (1889-1930)*

15/11/1889 a 23/11/1891: Marechal Deodoro
23/11/1891 a 15/11/1894: Floriano Peixoto
15/11/1894 a 15/11/1898: Prudente de Moraes
15/11/1898 a 15/11/1902: Campos Salles
15/11/1902 a 15/11/1906: Rodrigues Alves
15/11/1906 a 14/06/1909: Afonso Pena
14/06/1909 a 15/11/1910: Nilo Peçanha
15/11/1910 a 15/11/1914: Hermes da Fonseca
15/11/1914 a 15/11/1918: Wenceslau Braz
15/11/1918 a 28/07/1919: Delfim Moreira
28/07/1919 a 15/11/1922: Epitácio Pessoa
15/11/1922 a 15/11/1926: Arthur Bernardes
15/11/1926 a 24/10/1930: Washington Luís

* A lista inclui apenas os presidentes empossados em registro

# A marca do desenvolvimento

O político que construiu e inaugurou a cidade de Belo Horizonte foi também o primeiro mineiro a assumir a presidência da República. Filho de um modesto comerciante e de uma dona-de-casa, Afonso Pena se formou, no ano de 1870, pela Faculdade de Direito de São Paulo. Durante o período imperial, foi deputado geral por quatro vezes e ministro em três ocasiões (da Guerra, da Agricultura e da Justiça).

Em sua gestão como presidente de Minas Gerais, mudou a capital do estado (de Ouro Preto para Belo Horizonte) e criou a Faculdade de Direito, da qual foi diretor. Em 1906, venceu a eleição para a presidência da República. Seu governo investiu no café e na infra-estrutura dos portos, além de incentivar o setor industrial.

Nada disso impediu que Pena sofresse constante oposição. Seu ministério, formado por políticos jovens, foi chamado pela imprensa de "Jardim da Infância". Diversos cafeicultores faliram, apesar dos investimentos, e antigos aliados passaram para a oposição quando Pena interferiu no processo sucessório.

Desgastado e isolado politicamente, sofrendo ainda com a morte do filho mais velho, o sexto presidente brasileiro faleceu de pneumonia, 18 meses antes de completar o mandato. "Deus, pátria, liberdade e família" teriam sido suas últimas palavras.

Em geral, as cédulas lançadas no governo de Arthur Bernardes, entre 1922 e 1926, tinham como tema ex-presidentes da República que já haviam falecido, como Marechal Deodoro, Floriano Peixoto, Prudente de Moraes e Campos Salles. A nota de 100 mil réis, emitida em 1925, homenageava Afonso Pena. No ano de 1942, com a introdução da nova unidade monetária, essa cédula foi carimbada com a indicação de seu novo valor: 100 cruzeiros.

A exemplo de Rodrigues Alves — que governou o Brasil de 1902 a 1906 e de quem era vice-presidente —, Pena se destacou como político austero e desenvolvimentista. É o que reforça a cédula de 100 cruzeiros. No anverso, Pena é apresentado em estilo solene, algo comum entre os presidentes da República Velha. Já o reverso mostra três bairros cariocas — Flamengo, Catete e Largo do Machado —, além da Baía da Guanabara. Civilizar o Rio de Janeiro, então capital brasileira, era outra idéia fixa dos primeiros presidentes da República. Em 1908, o Rio foi tema da Exposição Nacional, que Pena promoveu para ressaltar a modernização da cidade.

## XAVIER DA SILVEIRA

**Joaquim Xavier da Silveira Júnior**
**★ 1864, em São Paulo (SP)**
**† 1912, no Rio de Janeiro (RJ)**

# O desconhecido republicano

Dentre todos os personagens representados no dinheiro nacional e perfilados neste livro, é possível que Xavier da Silveira seja o nome mais desconhecido dos brasileiros — mais até do que Augusto Ruschi, Câmara Cascudo ou Anísio Teixeira. Pois este advogado paulista foi um defensor radical da República e da abolição da escravatura. O que lhe deu visibilidade, nessa época, foram os jornais (*Democracia*, *Correio da Manhã* e *Gazeta de Notícias*) para os quais escrevia contundentes artigos.

Com a proclamação da República, tornou-se chefe da Polícia e recusou a nomeação para ser ministro da Justiça e dos Negócios Anteriores. Após dois mandatos como deputado, assumiu a prefeitura do Rio de Janeiro em outubro de 1901, por decreto do presidente Campos Salles. Era sua maior oportunidade de servir à forma de governo que defendia — mas ele fracassou. Em boa parte, porque o Distrito Federal, com sede no Rio, estava atolado em dívidas. A gestão durou menos de um ano — Xavier da Silveira foi substituído pelo coronel Leite Ribeiro em setembro de 1902.

Em sua carreira política, constam ainda uma eleição para deputado federal em 1910 e outra para o Senado em 1912. Ele também presidiu o Instituto dos Advogados do Brasil e foi membro do Instituto Histórico e Geográfico do Brasil. Morreu aos 48 anos.

A defesa de causas progressistas e libertárias marcou a vida de Xavier da Silveira, seja no Direito, seja na política. A nota de 50 mil réis — que passou a valer 50 cruzeiros em 1942 — presta-lhe homenagem, estampando sua efígie no anverso. Do outro lado da cédula, aparece, curiosamente, o Monumento à Independência do Brasil, situado às margens do Riacho do Ipiranga. Além de não ser da autoria de Xavier (mas, sim, de Ettore Ximenes), a obra, de 1890, comemora um acontecimento anterior ao próprio nascimento do advogado e político republicano. Como se trata de um monumento bonito e imponente, é possível que esse reverso tenha sido escolhido por razões estéticas. Mas o tema da independência do Brasil, tratado com louvor, reforça a busca de rupturas históricas que deixam o País mais próximo da autonomia. É um ideal perfeitamente alinhado ao pensamento de Xavier da Silveira.

# Apagados pela História oficial

## ÍNDIOS

Por ter desembarcado no litoral baiano, mais precisamente na praia de Porto Seguro, a esquadra de Pedro Álvares Cabral tomou contato apenas com nativos tupiniquins. A cordialidade reinante no primeiro encontro era um falso sinal do que seria a futura relação entre portugueses e índios. Na manhã de 23 de abril de 1500, o capitão Nicolau Coelho avistou 18 nativos na praia onde a esquadra havia ancorado. Não se sabia nada sobre eles, a não ser o que se concluía de vista, a distância. Eram homens "pardos, nus, com arcos e setas nas mãos". Em pouco tempo o capitão percebeu tratar-se, também, de uma tribo amistosa. Ele lhes ofereceu um gorro, uma carapuça e um sombreiro, ao que os tupiniquins retribuíram com um colar de contas e um cocar.

Nos dias que se seguiram, a comitiva encontrou outros 500 índios, aproximadamente. Na realidade, pelo que se calculou depois, o Brasil devia ter cerca de 5 milhões de nativos quando foi "descoberto". Os 85 mil tupiniquins que aqui viviam concentravam-se no território baiano. Não viveriam nem mais um século, dizimados que foram, sobretudo, pelo governador-geral Mem de Sá. Quatro décadas antes, sustentados pelos portugueses, eles ainda entrariam em choque com uma outra tribo do grupo tupi-guarani, os tupinambás, que tinham o apoio dos franceses. O confronto foi tema do filme *Como Era Gostoso o meu Francês*, de Nelson Pereira dos Santos.

A história tupiniquim ilustra a derrocada dos índios após a "descoberta" do Brasil. Na América Espanhola, conquistadores como Cortês e Pizarro não se constrangeram em dizimar as populações nativas — incas, maias e astecas, só para citar as principais. Já os portugueses, embora não tivessem planos de liquidar os índios de uma tacada só, conseguiram reduzir sensivelmente os primeiros habitantes do Brasil. Hoje em dia, segundo a Fundação Nacional do Índio (Funai), apenas 345 mil índios vivem em aldeias brasileiras — fora delas moram entre 100 mil e 190 mil.

É verdade que as artes tipicamente brasileiras, em especial o cinema e a literatura, trataram muitas vezes da temática indígena. É verdade também que a primeira emissora televisiva do Brasil se chamou Tupi e tinha um indiozinho como símbolo. É verdade que há uma data, 19 de abril, dedicada aos nativos — o Dia do Índio. E é verdade que existe até uma fundação, a Funai, responsável por tratar de assuntos como o mapeamento das tribos e a preservação de reservas indígenas. Mas será que a sociedade brasileira está realmente preocupada com os índios? Ou será que as homenagens aos índios, ano após ano, não têm passado de uma mera cerimônia, algo teatral, para o Brasil fingir que finalmente respeita a cultura indígena?

As notas próprias do cruzeiro estampam presidentes da República, imperadores, reis, heróis e bons servidores da pátria. A exceção é a cédula de 5 cruzeiros, que circulou entre 1961 e 1967. Anverso e reverso têm motivos brasileiros, notadamente um índio, mas ainda uma jangada e vitórias-régias. Pode-se justificar que a homenagem se estende a todas as tribos. Primeira cédula fabricada inteiramente no Brasil, a "nota do índio" foi uma das mais populares do dinheiro nacional.

Capítulo 2

# Cruzeiro Novo NCr$

# No rastro do regime militar

**CRUZEIRO NOVO**
**Período**
13/02/1967 a 14/05/1970
(3 anos e 3 meses)
**Inflação do período**
88,05%
**Salário mínimo em 01/03/1967**
NCr$ 105,00
**Salário mínimo em 01/05/1970**
NCr$ 187,20

A história do terceiro padrão monetário brasileiro se iniciou no governo de Castello Branco — o primeiro marechal-presidente do regime militar. Seu ponto de partida foi o decreto nº 1 de 13 de novembro de 1965, que previa a substituição do cruzeiro em alguma data a partir do ano seguinte. Apesar das expectativas e sobretudo da necessidade de uma nova moeda, o ano de 1966 passou sem que o cruzeiro novo fosse efetivado.

Desde a década de 1950, a inflação desvalorizava o dinheiro nacional e forçava o governo a renovar o meio circulante. O aparente descompasso entre a moeda nacional e as moedas estrangeiras dificultava os trabalhos no mercado cambial. Máquinas calculadoras se revelavam ultrapassadas, à medida que não conseguiam expressar, fielmente, os maiores valores do cruzeiro. Havia problemas com o chamado "dinheiro miúdo", pois crescia a escassez de moedas e até de cédulas para serem usadas especialmente como troco.

Se por um lado o Banco Central havia sido criado em 1965, por outro a Casa da Moeda continuava com equipamentos arcaicos e infra-estrutura limitada. Cleber Baptista Gonçalves, no livro *Casa da Moeda do Brasil*, afirma que, de 1964 a 1968, o governo gastou mais de 12 milhões de dólares apenas para importar cédulas. Era preciso instituir uma nova moeda, mas as despesas com a renovação do meio circulante eram elevadas.

Em 8 de fevereiro de 1967, Castello Branco promulgou o decreto 60.190 e a resolução 47, que possibilitaram a reforma do padrão monetário. Embora tramitassem no Congresso propostas de alteração no nome da moeda — para brazão, cruzado e até o antigo conto —, preferiu-se acrescer apenas a palavra "novo" a cruzeiro, um nome já consagrado e extremamente popular. Quanto à equivalência, 1 cruzeiro novo valeria 1.000 cruzeiros. O centavo voltou a ser a unidade divisionária.

Tratava-se, em todo caso, de uma moeda provisória. Cédulas do cruzeiro se mantiveram temporariamente, com a superimpressão "Banco Central" e "cruzeiro novo". Foi nessa condição que circularam as notas de 1, 5, 10 e 50 centavos e 1, 5 e 10 cruzeiros novos. Pela primeira e única vez na história do dinheiro nacional, a unidade divisionária — os centavos — não estava restrita às moedas.

## 1 CENTAVO

**Anverso:** Getúlio Vargas
**Reverso:** Unidade Nacional
**Dimensões:** 15,7cm x 6,7cm
**Órgão emissor:** Banco Central do Brasil
**Fabricante:** Thomas de La Rue & Company Limited
**Período de circulação:** 13/02/1967 a 30/06/1972
**Obs.:** O reverso é igual ao da nota de 10 cruzeiros (pág. 36)

Saiba mais na página 42

### Como se fosse uma moeda

Ao receber o carimbo do novo padrão monetário, a antiga nota de 10 cruzeiros, estampando Vargas, transformou-se na cédula de menor valor facial da História do Brasil. Valia apenas um centavo de cruzeiro novo e era usada como troco, fazendo as vezes de uma moedinha.

## 5 CENTAVOS

**Anverso:** Princesa Isabel
**Reverso:** Lei Áurea
**Dimensões:** 15,7cm x 6,7cm
**Órgão emissor:** Banco Central do Brasil
**Fabricante:** Thomas de La Rue & Company Limited
**Período de circulação:** 13/02/1967 a 30/06/1972
**Obs.:** O reverso é igual ao da nota de 50 cruzeiros (pág. 37)

Saiba mais na página 124

### Falha deles

Na primeira série das cédulas de 1, 5 e 10 centavos de cruzeiro novo, a palavra "ministro" deveria aparecer em letras maiúsculas nas microchancelas. Até aí, nada de incomum. O problema foi que, na hora de grafarem o termo, esqueceram uma letra "i" e registraram um inusitado "MINSTRO". Na série seguinte, o erro foi devidamente corrigido.

## 10 CENTAVOS

**Anverso:** Dom Pedro II
**Reverso:** Cultura brasileira
**Dimensões:** 15,7cm x 6,7cm
**Órgão emissor:** Banco Central do Brasil
**Fabricante:** Thomas de La Rue & Company Limited
**Período de circulação:** 13/02/1967 a 30/06/1972
**Obs.:** O reverso é igual ao da nota de 100 cruzeiros (pág. 37)

Saiba mais na página 70

## 50 CENTAVOS

**Anverso:** Dom João VI
**Reverso:** Abertura dos portos
**Dimensões:** 15,7cm x 6,7cm
**Órgão emissor:** Banco Central do Brasil
**Fabricante:** American Bank Note Company
**Período de circulação:** 13/02/1967 a 30/06/1973
**Obs.:** O reverso é igual ao da nota de 500 cruzeiros (pág. 34)

Saiba mais na página 74

## 1 CRUZEIRO NOVO

**Anverso:** Pedro Álvares Cabral
**Reverso:** Primeira missa no Brasil
**Dimensões:** 15,7cm x 6,7cm
**Órgão emissor:** Banco Central do Brasil
**Fabricante:** American Bank Note Company
**Período de circulação:** 13/02/1967 a 30/06/1973
**Obs.:** O reverso é igual ao da nota de 1.000 cruzeiros (pág. 35)

Saiba mais na página 216

## 5 CRUZEIROS NOVOS

**Anverso:** Tiradentes
**Reverso:** Enforcamento
**Dimensões:** 15,7cm x 6,7cm
**Órgão emissor:** Banco Central do Brasil
**Fabricante:** American Bank Note Company
**Período de circulação:** 13/02/1967 a 30/06/1974
**Obs.:** O reverso é igual ao da nota de 5.000 cruzeiros (pág. 35)

Saiba mais na página 166

## 10 CRUZEIROS NOVOS

**Anverso:** Santos Dumont
**Reverso:** 14-Bis
**Dimensões:** 16,3cm x 7,2cm
**Órgão emissor:** Banco Central do Brasil
**Fabricante:** American Bank Note Company
**Período de circulação:** 13/02/1967 a 30/06/1975
**Obs.:** O reverso é igual ao da nota de 10.000 cruzeiros (pág. 35)

Saiba mais na página 76

## 10 CRUZEIROS NOVOS

**Anverso:** Santos Dumont
**Reverso:** 14-Bis
**Dimensões:** 16,3cm x 7,2cm
**Órgão emissor:** Banco Central do Brasil
**Fabricante:** Thomas de La Rue & Company Limited
**Período de circulação:** 12/1967 a 30/06/1975

Saiba mais na página 76

Moedas de 1, 2, 5, 10, 20 e 50 centavos entraram em circulação, trazendo a efígie da República. Três ramos da indústria brasileira (siderúrgica, petrolífera e naval) foram retratados nas moedas de maior valor.

**1 CENTAVO**
**Anverso:** Efígie da República
**Reverso:** sem motivos temáticos
**Diâmetro:** 1,70cm
**Peso:** 2,63g
**Espessura:** 1,50mm
**Material:** aço inoxidável
**Órgão emissor:** Banco Central do Brasil
**Fabricante:** Casa da Moeda do Brasil
**Período de circulação:**
01/08/1968 a 31/12/1980
**Datas de cunhagem:** 1967, 69 e 75
**Obs.:** Em 1969 e 1975, por razões de custo, a espessura das moedas foi reduzida a um milímetro. Dessa forma, o peso também diminuiu, passando a 1,75g.

Saiba mais na página 180

**2 CENTAVOS**
**Anverso:** Efígie da República
**Reverso:** sem motivos temáticos
**Diâmetro:** 1,90cm
**Peso:** 3,25g
**Espessura:** 1,50g
**Material:** aço inoxidável
**Órgão emissor:** Banco Central do Brasil
**Fabricante:** Casa da Moeda do Brasil
**Período de circulação:**
01/08/1968 a 31/12/1980
**Datas de cunhagem:** 1967, 69 e 75
**Obs.:** Em 1969 e 1975, por razões de custo, a espessura das moedas foi reduzida a um milímetro. Dessa forma, o peso também diminuiu, passando a 2,16g.

**5 CENTAVOS**
**Anverso:** Efígie da República
**Reverso:** sem motivos temáticos
**Diâmetro:** 2,10cm
**Peso:** 3,97g
**Espessura:** 1,50mm
**Material:** aço inoxidável
**Órgão emissor:** Banco Central do Brasil
**Fabricante:** Casa da Moeda do Brasil
**Período de circulação:**
01/08/1968 a 31/12/1980
**Datas de cunhagem:** 1967, 69 e 75
**Obs.:** Em 1969 e 1975, por razões de custo, a espessura das moedas foi reduzida a um milímetro. Dessa forma, o peso também diminuiu, passando a 2,64g.

**10 CENTAVOS**
**Anverso:** Efígie da República
**Reverso:** Indústria siderúrgica
**Diâmetro:** 2,30cm
**Peso:** 5,52g
**Espessura:** 1,50mm
**Material:** cuproníquel
**Órgão emissor:** Banco Central do Brasil
**Fabricante:** Casa da Moeda do Brasil
**Período de circulação:**
01/08/1968 a 15/08/1984
**Datas de cunhagem:**
1967, 70, 74, 75, 76, 77, 78 e 79
**Obs.:** Em 1970, por razões de custo, a espessura das moedas foi reduzida a 1,30mm. Dessa forma, o peso também diminuiu, passando a 4,78g. Com a substituição do cuproníquel por aço inoxidável em 1975, o peso caiu ainda mais – 4,22g.

Saiba mais nas páginas 78 e 180

**20 CENTAVOS**
**Anverso:** Efígie da República
**Reverso:** Indústria petrolífera
**Diâmetro:** 2,50cm
**Peso:** 7,86g
**Espessura:** 1,80mm
**Material:** cuproníquel
**Órgão emissor:** Banco Central do Brasil
**Fabricante:** Casa da Moeda do Brasil
**Período de circulação:**
01/08/1968 a 15/08/1984
**Datas de cunhagem:**
1967, 70, 75, 76, 77, 78 e 79
**Obs.:** Em 1970, por razões de custo, a espessura das moedas foi reduzida a 1,50mm. Dessa forma, o peso também diminuiu, passando a 6,55g. Em 1975, com a substituição do cuproníquel pelo aço inoxidável, o peso caiu ainda mais – 5,67g.

**50 CENTAVOS**
**Anverso:** Efígie da República
**Reverso:** Indústria naval
**Diâmetro:** 2,70cm
**Peso:** 8,74g
**Espessura:** 1,70mm
**Material:** cuproníquel
**Órgão emissor:** Banco Central do Brasil
**Fabricante:** Casa da Moeda do Brasil
**Período de circulação:**
01/08/1968 a 15/08/1984
**Datas de cunhagem:**
1967, 70, 75, 76, 77, 78 e 79
**Obs.:** Em 1970, por razões de custo, a espessura das moedas foi reduzida a 1,50mm. Dessa forma, o peso também diminuiu, passando a 7,71g. Em 1975, com a substituição do cuproníquel pelo aço inoxidável, o peso caiu ainda mais – 6,65g. Moedas com os dois tipos de material foram cunhadas no mesmo ano.

O retorno do nome cruzeiro, sem o "novo", com valores correspondentes, já estava previsto. A mudança só ocorreria em 15 de maio de 1970 — tempo suficiente para o cruzeiro novo contar histórias.

# O imperador que modelou o Brasil

Em 22 de junho de 1840, o povo foi ao Campo de Santana para reivindicar que um adolescente, de 14 anos, assumisse o governo brasileiro. "Queremos Dom Pedro II / Embora não tenha idade", bradavam os manifestantes. "A nação dispensa a lei / E viva a maioridade." Mas não foi da vontade popular — e tampouco foi em 1840 — que surgiu a idéia de um imperador precoce.

A trama começou nove anos antes, em 7 de abril de 1831, quando o imperador Dom Pedro I abdicou do trono em nome do filho, Dom Pedro II. Para tutor do pequeno imperador, de apenas 5 anos, foi nomeado José Bonifácio, o Patriarca da Independência. Após a manobra, Pedro I voltou para Portugal e lá morreu três anos depois, sem ver a posse do filho. A Constituição, promulgada por ele mesmo, fixava em 18 anos a idade mínima do chefe do Estado brasileiro.

Pedro II não teve de esperar tanto. Sob o argumento de que a vontade do povo era maior que as leis, os liberais articularam, em 1840, o Golpe da Maioridade, que permitia que o jovem imperador assumisse o trono aos 14 anos. A maioridade foi declarada em julho, ante a presença de milhares de pessoas. Um ano depois, houve a coroação. O que se iniciou, nessa data, foi um longo período de quase cinco décadas conhecido como Segundo Reinado. À frente do poder estava o sempre popular Dom Pedro II. Era a primeira vez que um homem nascido no País chefiava o Estado brasileiro. O regime, mesmo inspirado no modelo inglês, foi chamado de "parlamentarismo às avessas" — já que o Executivo prevalecia sobre o Poder Legislativo e não era nomeado por parlamentares.

As práticas do imperador modelaram o Brasil. Por anistiar freqüentemente os rebeldes, inclusive os que participaram das revoltas provinciais durante as Regências, Pedro II foi chamado de "o Magnânimo". De qualquer modo, na primeira década do Segundo Reinado, o Brasil foi abalado por conflitos como a Revolução Praieira e a Guerra dos Farrapos (ou Revolução Farroupilha) — todos sufocados pelas forças armadas. Mais conciliador ainda Dom Pedro se mostrou com as duas grandes forças políticas do Brasil. De 15 em 15 meses, o imperador trocava o gabinete ministerial, que ora ficava nas mãos dos conservadores, ora era assumido pelos liberais. Era o "gabinete da conciliação". Foi dessa maneira que o Império entrou num período de estabilidade política. A economia, por sua vez, beneficiou-se da altíssima demanda mundial por café e também entrou em prosperidade.

Dessa combinação resultou um extraordinário surto cultural. A antiga colônia assistiu a uma revolução estética, literária e musical. O Brasil passou a ser louvado pelas artes e pelas ciências sociais. Estava nascendo uma nova mentalidade, ainda baseada na superioridade da "civilização branca", mas já elogiosa aos valores nacionais. Na literatura romântica, especialmente na obra "indianista" de José de Alencar, foram exaltadas as virtudes do bom selvagem, como a beleza, a lealdade e a presteza. Mesmo assim, o conquistador branco não perdia jamais a soberania.

Amante da pintura, Dom Pedro concedeu bolsas para artistas plásticos estudarem na Europa. Um dos nomes mais representativos das tendências pictóricas foi o de Pedro Américo, que assinou diversas obras em louvor à pátria, como o célebre "O Grito do Ipiranga", pintado a pedido do imperador. Outro artista beneficiado pelo Império foi Carlos Gomes, que compôs a ópera "O Guarani" e a quem Dom Pedro II também agraciou com bolsa de estudos na Europa.

Se a explosão cultural durou até o fim do Império, a unanimidade em torno do imperador começou a ruir em 1868. Ao nomear o ultraconservador Duque de Caxias como chefe do Exército brasileiro na Guerra do Paraguai, Dom Pedro II descontentou o gabinete liberal encabeçado por Zacarias de Góes e Vasconcelos. Todos os ministros se demitiram, abrindo uma crise sem precedentes no Segundo Reinado. Os liberais passaram a cobrar uma nova Constituição. Nos anos posteriores, o Império sofreu uma série de reveses, perdendo o apoio do Exército (fortalecido após a Guerra do Paraguai e a Questão

Militar), dos fazendeiros escravocratas (prejudicados em cada uma das leis da abolição, sobretudo a Lei Áurea) e de parte do povo (contrária às medidas do imperador, por exemplo, na Questão Religiosa, que opôs católicos e maçons).

Em 16 de novembro de 1889, um dia após a proclamação da República, o imperador foi comunicado pelo Exército de que deveria abandonar o País. No dia seguinte, deixou o trono e se transferiu para Paris. Já sofria com o diabetes e estava debilitado desde 1871 devido à morte de uma filha. Apesar da popularidade, não conseguiu evitar a ruína do Império. Ao morrer, dois anos depois, foi enterrado na capital francesa com honras de chefe de Estado.

Para contar a história de Dom Pedro II com base no dinheiro, convém recuperar os modelos lançados no Segundo Reinado — período em que dezenas de moedas traziam sua efígie. Por conta das auto-homenagens, que se estenderam por décadas, trata-se da figura mais estampada no dinheiro nacional, de várias formas, desde a infância até a velhice. Já entre 1943 e 1984, a efígie do segundo imperador do Brasil, com barbas longas e cabelos brancos, aparece em duas famílias de cédulas.

Além do envelhecimento precoce que o acometeu, uma possível explicação para essa incidência de registros é o desenvolvimento da fotografia e da imprensa nos últimos anos de Segundo Reinado. Dom Pedro II era cada vez mais fotografado e ilustrado, o que gerou uma abundância de material no qual ele aparece envelhecido.

A primeira dessas cédulas é a de 100 cruzeiros, lançada em 1943, em cujo reverso se reproduz o quadro *Cultura Nacional*, de Cadmo Fausto de Souza. É uma alusão aos incentivos de Pedro II aos artistas e cientistas brasileiros. A cultura progrediu ininterruptamente no segundo Reinado.

Outro modelo dessa nota surgiu em 1949, valendo também 100 cruzeiros. Com a implantação do Cruzeiro Novo, no ano de 1967, os exemplares dessa última cédula foram carimbados, passando a valer 10 centavos.

A readoção do cruzeiro motivou outra homenagem ao imperador — e mais uma vez sob o aspecto da cultura. No reverso da nota de 10 cruzeiros, lançada em 1970, estampou-se a estátua do profeta Daniel. A obra integra a série dos Doze Profetas, esculpida em pedra-sabão por Aleijadinho, em Congonhas do Campo (MG). O desenvolvimento cultural obtido pelo Brasil na segunda metade do século 19 é um dos poucos consensos sobre o legado de Dom Pedro II, mas a estátua retratada na nota é do século 18. Nesse período de vigência do cruzeiro (1970-1986), os governos militares utilizaram o dinheiro nacional para exaltar a ação transformadora dos brasileiros, nos campos artísticos e científicos. As principais homenagens às artes deveriam abordar manifestações populares e eruditas, além de construções barrocas.

Não é mera coincidência que os dois modelos de cédulas com a efígie de Dom Pedro II foram lançados durante ciclos autoritários — o Estado Novo (1937-1945), de Getúlio Vargas, e o governo do General Médici, em meio ao regime militar (1964-1985). Ditadores costumam justificar seus governos autoritários por meio de realizações nem sempre concretas. A citação ao quadro de Cadmo Fausto de Souza e à escultura de Aleijadinho pode camuflar um fato histórico: as ditaduras no Brasil, ao invés de incentivarem a produção cultural, limitaram a liberdade de expressão, coibindo o trabalho dos artistas.

**DOM JOÃO VI**

**Dom João Maria José Francisco Xavier de Paula Luis Antonio Domingos Rafael de Bragança**
**★13/05/1767, em Ajuda (Portugal)**
**✝10/03/1826, em Lisboa (Portugal)**

# O redescobrimento do Brasil

A árvore genealógica de Dom João VI envolve reis portugueses, franceses e espanhóis, mas não foi no continente europeu que ele pôs em prática uma verdadeira revolução. João era afilhado de batismo de Luís XV, rei da França, e passou à sucessão direta do trono português após a morte prematura do irmão mais velho, José. Aos 18 anos, casou-se com Carlota Joaquina, de 10 anos, filha do rei Carlos IV, da Espanha. Era uma forma de selar a união entre os dois reinos. Do conturbado casamento houve nove filhos, entre eles Dom Pedro e Dom Miguel, futuros soberanos, respectivamente, do Brasil e de Portugal. Por causa do problema mental de sua mãe, a rainha Maria, a Louca, Dom João VI ganhou o título de Rei do Reino Unido de Portugal, Brasil e Algarves.

Ao saber que as tropas francesas, a mando de Napoleão, avançavam pelo interior de Portugal, Dom João VI decidiu trazer a capital do reino para o Brasil. A resolução manteve o poder soberano dos Bragança, evitando que ocorresse em Portugal uma crise semelhante à da Espanha, em que os governantes viraram reféns napoleônicos. Estabelecido no Rio de Janeiro, o rei declarou livres as indústrias brasileiras e abriu os portos ao comércio estrangeiro. A vinda da família real e da corte portuguesa, a introdução de hábitos culturais e industriais e a criação de instituições como a Imprensa Régia, a Real Junta de Comércio e as Academias modificaram definitivamente o perfil da colônia. Não se tratava de um Brasil enfeitado, mas, sim, transformado.

Dom João VI voltou para Portugal em 1821, pressionado pela corte portuguesa, para enfrentar o movimento constitucionalista. Com ele foram a mulher e sete dos oito filhos vivos. Dom Pedro I ficou no Brasil como príncipe-regente.

Retratada por Cadmo Fausto de Souza, a abertura dos portos, um dos maiores feitos de Dom João VI, aparece no reverso das notas de 500 cruzeiros (de 1944 e 1949) e 50 centavos de cruzeiros novos (1967). O modelo original da nota serviu de base para as impressões seguintes. Ao abrir os portos às "nações amigas", Dom João impulsionou o comércio e o desenvolvimento brasileiros. Essa homenagem que ele recebeu, no auge do Estado Novo, reitera o aspecto desenvolvimentista do governo Vargas.

# O homem que venceu o ar

O cinema, única arte com data e local de nascimento conhecidos, veio a público em Paris no dia 28 de dezembro de 1895. Na mesma capital francesa, em 23 de outubro de 1906, voou o primeiro avião de todos os tempos — um aeroplano batizado de 14-Bis. Os irmãos Louis e Auguste Lumière patentearam o cinematógrafo, e o engenheiro Santos Dumont é reconhecido, pela Federação Aeronáutica Internacional, como "o Pai da Aviação". Seu aeroplano voou e pousou por meios próprios, sem ajuda de vento e na presença de observadores.

Nenhuma coisa nem outra interessam aos norte-americanos, que se proclamaram responsáveis pelas duas invenções. Pode até ser que, volta e meia, os Estados Unidos reconheçam a França como terra natal do cinema. Mas, se o assunto é avião, nada feito. Em 1909, os irmãos Wright apresentaram um modelo de avião superior ao 14-Bis. Garantiam já haver feito vôos breves e bem-sucedidos em 1903 — ou seja, três anos antes da célebre façanha de Santos Dumont. Do ponto de vista científico, a afirmação dos Wright não passa de hipótese. Suas experiências aéreas teriam sido feitas em sigilo, sem documentação alguma. Teriam partido de uma encosta, com vento a 30 km/h, e de lá planaram. Os americanos, pouco preocupados com isso, realizaram uma série de eventos em 2003 para comemorar o suposto centenário da aviação.

O vôo de um veículo aéreo mais pesado que o ar sempre foi uma obsessão de Santos Dumont. Ao se mudar para Paris, em 1891, o jovem Alberto se dedicou vorazmente aos estudos, entrando em cursos de mecânica, física e eletricidade. Depois de uma breve permanência em São Paulo, voltou para a França e aprofundou suas pesquisas em aeroestação. Vencia a maioria das corridas de automóveis que promovia e aproveitava para fazer passeios de balão. Passou a criar os próprios balões a partir de 1898, e inventou também o relógio de pulso, o hangar e um modelo de esqui. Já estava ganhando fama e dinheiro em disputas automobilísticas e concursos aéreos, mas a glória veio com o 14-Bis.

Ao completar 60 anos, o primeiro vôo do 14-Bis, bem como seu inventor, foram estampados na cédula de 10.000 cruzeiros, lançada em 1966. Um ano depois, dois modelos dessa nota tiveram superimpressão e se converteram em cédulas de 10 cruzeiros novos.

A efígie de Santos Dumont, no anverso, enfatizava duas preferências bem ao estilo do Pai da Aviação: o chapéu panamá e o terno com listras verticais. O reverso expõe o primeiro vôo do 14-Bis, numa imagem igualmente tradicional. O avião celebrizou Santos Dumont, mas também o levou à morte. Em 1932, horrorizado, o "brasileiro voador" se suicidou ao ver que seu invento era utilizado para fins bélicos em São Paulo, durante a Revolução Constitucionalista.

# Vencendo o atraso

## INDÚSTRIA

A Revolução Industrial sacudiu a Europa, notadamente a Inglaterra, nos séculos 18 e 19. O Brasil, no entanto, teve um grande surto industrial apenas com a I Guerra Mundial — e a industrialização se acentuou consideravelmente a partir do governo Vargas, nas décadas de 1940 e 1950. O atraso, normal em se tratando de uma ex-colônia, explica certas características do setor no Brasil.

Durante o Estado Novo, Vargas estruturou as indústrias de base estatais, estimulando a produção nacional de bens de consumo. A II Guerra Mundial também dificultou o comércio internacional e favoreceu a estratégia de substituição de importações. Um acordo entre Brasil e Estados Unidos possibilitou o lançamento da Companhia Siderúrgica Nacional (CSN), em 1946, na cidade de Volta Redonda (RJ). Com a Petrobrás, lançada em 1953, o Estado obteve o monopólio de pesquisa, extração e refino de petróleo.

O nacionalismo varguista foi substituído pelo desenvolvimentismo de Juscelino Kubitschek, que procurou atrair capital estrangeiro para estimular a economia. JK incentivou as indústrias de bens de consumo duráveis, sobretudo eletrodomésticos e veículos, e ampliou as indústrias de infra-estrutura. No início dos anos 60, o setor industrial superou a média de crescimento dos demais setores da economia brasileira.

No regime militar, os presidentes investiram capital externo nas indústrias de base, principalmente mineração e siderurgia, e de bens duráveis. O preço começou a ser pago na década de 1970: a crise do petróleo e a alta internacional dos juros desaceleraram a expansão industrial. Nos anos 80, conhecidos como "a década perdida", a retração econômica bloqueou o crescimento industrial. Durante a década de 1990, principalmente no governo de Fernando Henrique Cardoso, as indústrias estatais passaram a ser privatizadas, tanto o setor produtivo como as siderúrgicas e as indústrias de serviço.

Os três modelos de moeda sobre indústria, lançados após o Golpe de 1964, destacavam a vocação industrial brasileira, às vésperas do "milagre econômico". Somada, claro, à publicidade dos militares que chefiavam o Estado. Depois da cana, do ouro e do café, o PIB nacional podia ter as indústrias como protagonistas. Para os militares, era o triunfo de uma "contra-revolução". Para o Brasil, era o ingresso numa era de crescimento econômico descomunal.

Com a cunhagem de uma corte de altos fornos estilizada, as siderúrgicas foram representadas na moeda de 10 centavos.

Em outra moeda, com o dobro do valor e a estampa de uma torre de petróleo, fez-se homenagem à indústria petrolífera.

A moeda de 50 centavos evocava a indústria naval.

Na homenagem a Juscelino Kubistchek, a moeda comemorativa de 20 reais voltou, em 2002, a lembrar o setor industrial.

Capítulo 3

# Cruzeiro Cr$

# De volta ao normal — ou quase

**CRUZEIRO**
**Período**
15/05/1970 a 27/02/1986
(15 anos e 9 meses)
**Obs.**
Em 16/08/1984,
os centavos foram extintos
**Inflação do período**
599.445,91%
**Salário mínimo em 01/05/1970**
Cr$ 187,20
**Salário mínimo em 01/11/1985**
Cr$ 600.000,00

Além de instituir o cruzeiro novo como unidade monetária, o decreto nº 1, de 1965, deixava claro que a volta do cruzeiro, sem o "novo", era questão de tempo. Na realidade, essas moedas faziam parte de uma mesma reforma monetária, que tentava diminuir os impactos da inflação no Brasil. Mas em 1970, ao se anunciar a readoção do cruzeiro, o principal fato econômico já não eram os surtos inflacionários — e, sim, o crescimento. Ao longo do governo Médici, o PIB (Produto Interno Bruto) cresceu a uma média anual superior a 10% (veja tabela na página 100).

O regime militar tratou de consolidar o Banco Central e investir, maciçamente, na modernização da Casa da Moeda. O Brasil caminhava, ano a ano, para um quadro de auto-suficiência na fabricação de dinheiro. Economizavam-se, assim, milhões de dólares anuais. Em 31 de março de 1970, o Banco Central publicou a resolução 44, elaborada pelo Conselho Monetário Nacional. Os brasileiros, de acordo com a resolução, voltariam a usar o cruzeiro em 15 de maio do mesmo ano. A moeda equivaleria ao cruzeiro novo, mantendo-se ainda o centavo como unidade divisionária.

Foi também a primeira vez, desde a década de 1940, que o governo alterou, por completo, a família de cédulas em circulação. Dom Pedro I, Dom Pedro II e Marechal Deodoro foram alguns dos personagens novamente homenageados nas cédulas. Retratando a ação transformadora do homem no País, os motivos estampados no dinheiro se enquadraram num destes cinco eixos temáticos: construções barrocas; fortes; arte popular; arte erudita; e produção nacional em ciência e tecnologia.

## 1 CRUZEIRO

**Anverso:** Efígie da República
**Reverso:** Caixa de Conversão e de Estabilização
**Dimensões:** 14,7cm x 6,7cm
**Órgão emissor:** Banco Central do Brasil
**Fabricante:** Casa da Moeda do Brasil
**Período de circulação:** 15/05/1970 a 30/06/1984

**Saiba mais na página 180**

**Obs.:** Há dois modelos da cédula de 1 cruzeiro, com uma pequena diferença entre eles: a tonalidade dos desenhos dentro dos círculos. A figura acima se refere ao primeiro modelo da cédula.

## 5 CRUZEIROS

**Anverso:** Dom Pedro I
**Reverso:** Praça XV de Novembro, Rio de Janeiro
**Dimensões:** 15,2cm x 7,0cm
**Órgão emissor:** Banco Central do Brasil
**Fabricante:** Casa da Moeda do Brasil
**Período de circulação:** 15/05/1970 a 30/06/1984

**Saiba mais na página 92**

**Obs.:** Há dois modelos da cédula de 5 cruzeiros com uma pequena diferença entre eles: a tonalidade do desenho dentro do círculo do reverso. A figura acima se refere ao segundo modelo da cédula.

## 10 CRUZEIROS

**Anverso:** Dom Pedro II
**Reverso:** Escultura Profeta Daniel
**Dimensões:** 15,7cm x 7,3cm
**Órgão emissor:** Banco Central do Brasil
**Fabricante:** Casa da Moeda do Brasil
**Período de circulação:** 15/05/1970 a 30/06/1984

**Saiba mais na página 70**

**Obs.:** Há dois modelos da cédula de 10 cruzeiros com uma pequena diferença entre eles: a tonalidade do desenho dentro do círculo do reverso. A figura acima se refere ao segundo modelo da cédula.

**50 CRUZEIROS**

**Anverso:** Marechal Deodoro
**Reverso:** Café
**Dimensões:** 16,2cm x 7,6cm
**Órgão emissor:** Banco Central do Brasil
**Fabricante:** Casa da Moeda do Brasil
**Período de circulação:** 15/05/1970 a 30/06/1984

**Saiba mais nas páginas 144 e 112**

**100 CRUZEIROS**

**Anverso:** Floriano Peixoto
**Reverso:** Congresso Nacional
**Dimensões:** 16,7cm x 7,9cm
**Órgão emissor:** Banco Central do Brasil
**Fabricantes:** Casa da Moeda do Brasil e Thomas de La Rue (Inglaterra)
**Período de circulação:** 15/05/1970 a 30/06/1987

**Saiba mais nas páginas 104 e 108**

Seis moedas (de 1, 2, 5, 10, 20 e 50 centavos) foram "herdadas" do cruzeiro novo. A elas se somou a moeda de 1 cruzeiro, lançada em 1970, no mesmo dia em que o cruzeiro entrou em vigor.

**1 CRUZEIRO**
**Anverso:** Efígie da República
**Reverso:** Café
**Diâmetro:** 2,90cm
**Peso:** 10,08g
**Espessura:** 1,70mm
**Material:** níquel
**Órgão emissor:** Banco Central do Brasil
**Fabricante:** Casa da Moeda do Brasil
**Período de circulação:** 15/05/1970 a 27/02/1986
**Datas de cunhagem:** 1970, 74, 75, 76, 77 e 78
**Obs.:** O material da moeda foi alterado em 1970 para cuproníquel. Dessa forma, o peso teve um ligeiro aumento, chegando a 10,25g.

**Saiba mais nas páginas 180 e 112**

O sesquicentenário da independência do Brasil, comemorado em 1972, motivou o lançamento de uma cédula e três moedas. A nota destacava o desenvolvimento da população brasileira, do ponto de vista étnico-racial, e a integração nacional das regiões. As moedas lançadas — 1, 20 e 300 cruzeiros — diferenciavam-se no valor de face e no material de fabricação. Apenas a de 1 cruzeiro teve circulação normal.

**1 CRUZEIRO**
**Anverso:** Dom Pedro I e Médici
**Reverso:** Integração nacional
**Bordo:** Inscrição "SESQUICENTENÁRIO DA INDEPENDÊNCIA"
**Diâmetro:** 2,90cm
**Peso:** 10,08g
**Espessura:** 1,70mm
**Material:** níquel
**Órgão emissor:** Banco Central do Brasil
**Fabricante:** Casa da Moeda do Brasil
**Período de circulação:** 08/11/1972 a 28/02/1986
**Datas de cunhagem:** 1972
**Obs.:** Há basicamente dois modelos da moeda comemorativa de 1 cruzeiro. Embora tenham os mesmos desenhos, o segundo tem um aspecto espelhado, devido a um tratamento especial na cunhagem. Também é possível encontrarmos exemplares mais raros da moeda de 1 cruzeiro sem a inscrição no bordo.

Saiba mais nas páginas 92 e 98

**300 CRUZEIROS**
**Anverso:** Dom Pedro I e Médici
**Reverso:** Integração nacional
**Bordo:** Inscrição "SESQUICENTENÁRIO DA INDEPENDÊNCIA"
**Diâmetro:** 2,75cm
**Peso:** 16,65g
**Espessura:** 1,80mm
**Material:** ouro
**Órgão emissor:** Banco Central do Brasil
**Fabricante:** Casa da Moeda da França
**Período de circulação:** 08/11/1972 a 16/01/1989
**Datas de cunhagem:** 1972

**20 CRUZEIROS**
**Anverso:** Dom Pedro I e Médici
**Reverso:** Integração nacional
**Bordo:** Inscrição "SESQUICENTENÁRIO DA INDEPENDÊNCIA"
**Diâmetro:** 3,41cm
**Peso:** 18,04g
**Espessura:** 2,10mm
**Material:** prata
**Órgão emissor:** Banco Central do Brasil
**Fabricante:** Casa da Moeda da França
**Período de circulação:** 08/11/1972 a 01/07/1987
**Datas de cunhagem:** 1972
**Obs.:** Por serem fabricadas em Paris, as moedas comemorativas de 20 e 300 cruzeiros tiveram uma ligeira diferença em relação às de 1 cruzeiro: ladeando o valor, estão uma cornucópia (à esquerda) e uma coruja (à direita), símbolos da Casa da Moeda francesa.

**500 CRUZEIROS**

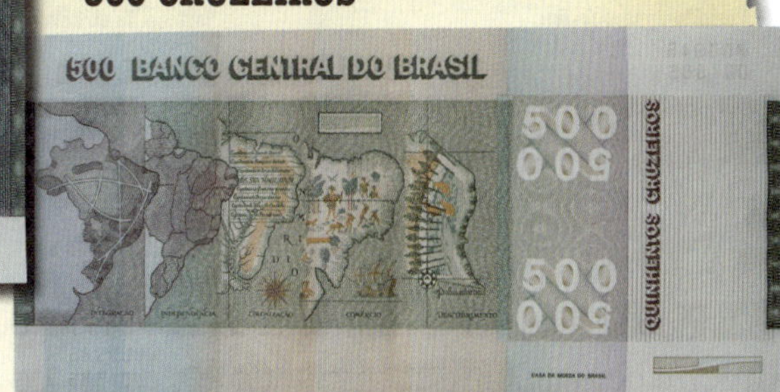


**Anverso:** Evolução da raça brasileira
**Reverso:** Cartas histórico-geográficas
**Dimensões:** 17,1cm x 7,9cm
**Órgão emissor:** Banco Central do Brasil
**Fabricante:** Casa da Moeda do Brasil
**Período de circulação:** 15/11/1972 a 30/06/1987

Saiba mais na página 106

No ano de 1975, foi lançada a moeda de 10 cruzeiros, com tiragem restrita, em comemoração aos dez anos do Banco Central. Já os 30 anos da FAO foram celebrados nas moedas de 1, 2 e 5 centavos.

**10 CRUZEIROS**
**Anverso:** Castello Branco
**Reverso:** Banco Central do Brasil
**Diâmetro:** 2,80cm
**Peso:** 11,30g
**Espessura:** 1,80mm
**Material:** prata
**Órgão emissor:** Banco Central do Brasil
**Fabricante:** Casa da Moeda do Brasil
**Período de circulação:**
31/03/1975 a 01/07/1987
**Datas de cunhagem:** 1975

Saiba mais nas páginas 96 e 232

**1 CENTAVO**
**Anverso:** Efígie da República
**Reverso:** FAO e cana-de-açúcar
**Diâmetro:** 1,70cm
**Peso:** 1,77g
**Espessura:** 1,00mm
**Material:** aço inoxidável
**Órgão emissor:** Banco Central do Brasil
**Fabricante:** Casa da Moeda do Brasil
**Período de circulação:**
04/07/1975 a 31/12/1980
**Datas de cunhagem:** 1975, 76, 77 e 78

Saiba mais nas páginas 180, 228 e 112

**2 CENTAVOS**
**Anverso:** Efígie da República
**Reverso:** FAO e feijão-soja
**Diâmetro:** 1,90cm
**Peso:** 2,21g
**Espessura:** 1,00mm
**Material:** aço inoxidável
**Órgão emissor:** Banco Central do Brasil
**Fabricante:** Casa da Moeda do Brasil
**Período de circulação:**
04/07/1975 a 31/12/1980
**Datas de cunhagem:** 1975, 76, 77 e 78

**5 CENTAVOS**
**Anverso:** Efígie da República
**Reverso:** FAO e boi-zebu
**Diâmetro:** 2,10cm
**Peso:** 2,69g
**Espessura:** 1,00mm
**Material:** aço inoxidável
**Órgão emissor:** Banco Central do Brasil
**Fabricante:** Casa da Moeda do Brasil
**Período de circulação:**
04/07/1975 a 31/12/1980
**Datas de cunhagem:** 1975, 76, 77 e 78

Lançada em 1978 e conhecida como "nota de um barão", a cédula de 1.000 cruzeiros foi a primeira de uma família inspirada em cartas do baralho. De qualquer lado (anverso ou reverso), as imagens e as inscrições eram reproduzidas e invertidas, para facilitar a identificação. Mais cinco cédulas foram lançadas com essa característica, incluindo um novo modelo para a "nota de um barão".

## 1.000 CRUZEIROS

**Anverso:** Barão do Rio Branco
**Reverso:** Questão de limites
**Dimensões:** 15,4cm x 7,4cm
**Órgão emissor:** Banco Central do Brasil
**Fabricante:** Casa da Moeda do Brasil
**Período de circulação:** 06/12/1978 a 15/01/1989

Saiba mais na página 101

## 100 CRUZEIROS

**Anverso:** Duque de Caxias
**Reverso:** Pacificação interna
**Dimensões:** 15,4cm x 7,4cm
**Órgão emissor:** Banco Central do Brasil
**Fabricante:** Casa da Moeda do Brasil
**Período de circulação:** 08/09/1981 a 30/06/1987

Saiba mais na página 50

## 200 CRUZEIROS

**Anverso:** Princesa Isabel
**Reverso:** Abolição da escravatura
**Dimensões:** 15,4cm x 7,4cm
**Órgão emissor:** Banco Central do Brasil
**Fabricante:** Casa da Moeda do Brasil
**Período de circulação:** 08/09/1981 a 30/06/1987

Saiba mais na página 124

## 500 CRUZEIROS

**Anverso:** Marechal Deodoro
**Reverso:** Proclamação da República
**Dimensões:** 15,4cm x 7,4cm
**Órgão emissor:** Banco Central do Brasil
**Fabricante:** Casa da Moeda do Brasil
**Período de circulação:** 08/09/1981 a 30/06/1987

Saiba mais na página 144

## 1000 CRUZEIROS

**Anverso:** Barão do Rio Branco
**Reverso:** Questão de limites
**Dimensões:** 15,4cm x 7,4cm
**Órgão emissor:** Banco Central do Brasil
**Fabricante:** Casa da Moeda do Brasil
**Período de circulação:** 08/09/1981 a 15/01/1989

Saiba mais na página 101

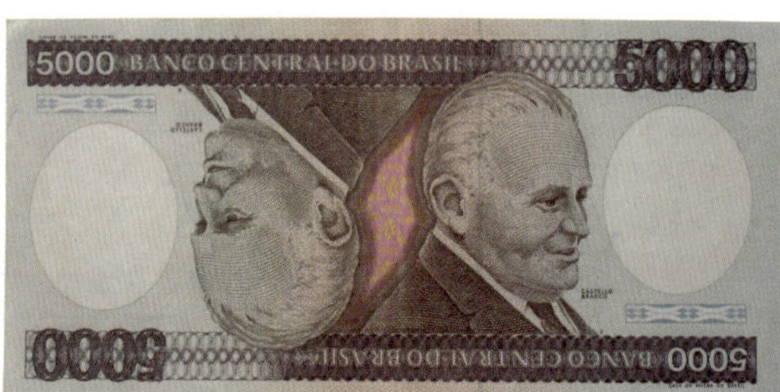


## 5000 CRUZEIROS

**Anverso:** Castello Branco
**Reverso:** Hidroelétricas e telecomunicações
**Dimensões:** 15,4cm x 7,4cm
**Órgão emissor:** Banco Central do Brasil
**Fabricante:** Casa da Moeda do Brasil
**Período de circulação:** 08/09/1981 a 15/01/1989

Saiba mais na página 96

No período de 1979 a 1981, entraram em circulação moedas de 1 centavo e de 1, 5, 10, 20 e 50 cruzeiros. O último general-presidente, João Batista Figueiredo, eliminou os centavos com a lei 7.214, de 15 de agosto de 1984. Um ano depois, a FAO voltou a ser representada nas moedas de 1 e 5 cruzeiros.

**1 CENTAVO**
**Anverso:** Soja
**Reverso:** Zimbo
**Diâmetro:** 1,40cm
**Peso:** 1,58g
**Espessura:** 1,40mm
**Material:** aço inoxidável
**Órgão emissor:** Banco Central do Brasil
**Fabricante:** Casa da Moeda do Brasil
**Período de circulação:**
20/03/1979 a 15/08/1984
**Datas de cunhagem:** 1979, 80, 81, 82 e 83

**Saiba mais nas páginas 112 e 111**

**1 CRUZEIRO**
**Anverso:** Cana-de-açúcar
**Reverso:** Banco Central e Zimbo
**Diâmetro:** 2,00cm
**Peso:** 3,23g
**Espessura:** 1,40mm
**Material:** aço inoxidável
**Órgão emissor:** Banco Central do Brasil
**Fabricante:** Casa da Moeda do Brasil
**Período de circulação:**
20/03/1979 a 27/02/1986
**Datas de cunhagem:** 1979, 80, 81, 82, 83 e 84

**Saiba mais nas páginas 112, 232 e 111**

**6 CRUZEIROS**
**Anverso:** Café
**Reverso:** Banco Central e Zimbo
**Diâmetro:** 2,20cm
**Peso:** 4,50g
**Espessura:** 1,60mm
**Material:** aço inoxidável
**Órgão emissor:** Banco Central do Brasil
**Fabricante:** Casa da Moeda do Brasil
**Período de circulação:**
31/03/1980 a 27/02/1986
**Datas de cunhagem:** 1980, 81, 82, 83 e 84

## Vale quanto pesa?

Com apenas 1,40cm de diâmetro, esta moedinha de 1 centavo, lançada em 1979, foi a menor de todo o período republicano. O atual centavo de real, por exemplo, tem diâmetro de 1,70cm. Mais insignificante ainda era seu valor. O salário mínimo da época equivalia a nada mais, nada menos do que 226.800 destas moedinhas de um centavo.

**10 CRUZEIROS**
**Anverso:** Integração rodoviária das regiões
**Reverso:** Banco Central e Zimbo
**Diâmetro:** 2,40cm
**Peso:** 5,35g
**Espessura:** 1,60mm
**Material:** aço inoxidável
**Órgão emissor:** Banco Central do Brasil
**Fabricante:** Casa da Moeda do Brasil
**Período de circulação:** 31/03/1980 a 30/06/1987
**Datas de cunhagem:** 1980, 81, 82, 83, 84, 85 e 86
**Obs.:** Embora mantivesse a espessura dos bordos, os pesos das moedas de 10, 20 e 50 cruzeiros caíram em 1985. A espessura do miolo foi reduzida para 1,43mm. Assim, as moedas de 10 cruzeiros cunhadas em 1985 e 1986 tiveram o peso reduzido para 4,78g.

**Saiba mais nas páginas 106, 232 e 111**

**20 CRUZEIROS**
**Anverso:** Igreja de São Francisco de Assis (MG)
**Reverso:** Banco Central e Zimbo
**Diâmetro:** 2,60cm
**Peso:** 6,33g
**Espessura:** 1,60mm
**Material:** aço inoxidável
**Órgão emissor:** Banco Central do Brasil
**Fabricante:** Casa da Moeda do Brasil
**Período de circulação:** 01/07/1981 a 30/06/1987
**Datas de cunhagem:** 1981, 82, 83, 84, 85 e 86
**Obs.:** Com a mudança na espessura do miolo da moeda de 20 cruzeiros, seu peso caiu para 5,60g em 1985.

**Saiba mais nas páginas 110, 232 e 111**

**50 CRUZEIROS**
**Anverso:** Brasília
**Reverso:** Banco Central e Zimbo
**Diâmetro:** 2,80cm
**Peso:** 7,34g
**Espessura:** 1,60mm
**Material:** aço inoxidável
**Órgão emissor:** Banco Central do Brasil
**Fabricante:** Casa da Moeda do Brasil
**Período de circulação:**
01/07/1981 a 30/06/1987
**Datas de cunhagem:**
1981, 82, 83, 84, 85 e 86
**Obs.:** Com a mudança na espessura do miolo da moeda de 50 cruzeiros, o peso caiu para 6,49g em 1985.

Saiba mais nas páginas 108, 232 e 111

**1 CRUZEIRO**
**Anverso:** FAO e Cana-de-açúcar
**Reverso:** Banco Central e Zimbo
**Diâmetro:** 2,00cm
**Peso:** 2,79g
**Espessura:** 1,40mm
**Material:** aço inoxidável
**Órgão emissor:** Banco Central do Brasil
**Fabricante:** Casa da Moeda do Brasil
**Período de circulação:**
15/04/1985 a 27/02/1986
**Datas de cunhagem:** 1985

**5 CRUZEIROS**
**Anverso:** FAO e café
**Reverso:** Banco Central e Zimbo
**Diâmetro:** 2,20cm
**Peso:** 4,02g
**Espessura:** 1,60mm
**Material:** aço inoxidável
**Órgão emissor:** Banco Central do Brasil
**Fabricante:** Casa da Moeda do Brasil
**Período de circulação:**
15/04/1985 a 27/02/1986
**Datas de cunhagem:** 1985

Saiba mais nas páginas 228, 112, 232 e 111

Nos últimos anos do cruzeiro, as cédulas lançadas — de 10 mil, 50 mil e 100 mil — já não seguiam o modelo baralho. Surgiram, ainda, as moedas de 100, 200 e 500 cruzeiros.

**10.000 CRUZEIROS**

**Anverso:** Rui Barbosa
**Reverso:** II Conferência da Paz (Haia, 1907)
**Dimensões:** 15,4cm x 7,4cm
**Órgão emissor:** Banco Central do Brasil
**Fabricante:** Casa da Moeda do Brasil
**Período de circulação:** 01/11/1984 a 15/03/1990

Saiba mais na página 127

## 50.000 CRUZEIROS

**Anverso:** Oswaldo Cruz
**Reverso:** Fundação Instituto Oswaldo Cruz
**Dimensões:** 15,4cm x 7,4cm
**Órgão emissor:** Banco Central do Brasil
**Fabricante:** Casa da Moeda do Brasil
**Período de circulação:** 01/11/1984 a 15/03/1990

Saiba mais na página 134

## 100.000 CRUZEIROS

**Anverso:** Juscelino Kubitschek
**Reverso:** Brasília
**Dimensões:** 15,4cm x 7,4cm
**Órgão emissor:** Banco Central do Brasil
**Fabricante:** Casa da Moeda do Brasil
**Período de circulação:** 03/10/1985 a 15/03/1990

Saiba mais nas páginas 224 e 108

**100 CRUZEIROS**
**Anverso:** Armas Nacionais
**Reverso:** sem motivos temáticos
**Diâmetro:** 1,70cm
**Peso:** 2,05g
**Espessura:** 1,45mm
**Material:** aço inoxidável
**Órgão emissor:** Banco Central do Brasil
**Fabricante:** Casa da Moeda do Brasil
**Período de circulação:**
03/10/1985 a 30/06/1987
**Datas de cunhagem:** 1985 e 86

Saiba mais na página 180

**200 CRUZEIROS**
**Anverso:** Armas Nacionais
**Reverso:** sem motivos temáticos
**Diâmetro:** 1,90cm
**Peso:** 2,55g
**Espessura:** 1,45mm
**Material:** aço inoxidável
**Órgão emissor:** Banco Central do Brasil
**Fabricante:** Casa da Moeda do Brasil
**Período de circulação:**
03/10/1985 a 30/06/1987
**Datas de cunhagem:** 1985 e 86

**500 CRUZEIROS**
**Anverso:** Armas Nacionais
**Reverso:** sem motivos temáticos
**Diâmetro:** 2,10cm
**Peso:** 3,65g
**Espessura:** 1,65mm
**Material:** aço inoxidável
**Órgão emissor:** Banco Central do Brasil
**Fabricante:** Casa da Moeda do Brasil
**Período de circulação:**
03/10/1985 a 30/06/1987
**Datas de cunhagem:** 1985 e 86

# Para o bem de poucos e infelicidade geral

Dom Pedro I viveu 36 anos, e os fatos que fizeram dele um "herói nacional" ocorreram basicamente em 1822. Foi nesse ano, em janeiro, que ele resolveu permanecer no Brasil, em vez de regressar a Portugal para deixar a colônia nas mãos da metrópole. Em setembro, num golpe de audácia, proclamou a independência brasileira e, definitivamente, rompeu com a família real. Foi nomeado imperador em outubro, no dia em que completou 24 anos. O ato final da independência foi a cerimônia de coroação, realizada no mês de dezembro. As tropas portuguesas nada mais tinham a fazer, a não ser retornar à Europa.

Há quem sustente que a emancipação brasileira foi apenas parcial, já que o País não aboliu imediatamente a escravatura nem adotou o regime republicano. É preciso lembrar, porém, que o domínio de Portugal diante do Brasil sofria cada vez mais rejeição. Já no final do século 18, explodiram mais movimentos de emancipação — as conjurações

Mineira e Baiana são os exemplos-chave. De fato, o que Dom Pedro conseguiu não está mesmo à altura do que idealizavam revoltosos como o alferes Tiradentes, um defensor da República e da soberania mineira. A Conjuração Baiana, de origem popular, reivindicava também a abolição da escravatura — e o radicalismo do movimento levou quatro rebeldes à forca. Nem mesmo a chegada da família real ao Brasil e a subseqüente abertura dos portos às "nações amigas" foram o bastante para evitar os conflitos armados. No ano de 1817, em Pernambuco, um grupo revolucionário tomou o poder e declarou a independência da província. A reação foi rápida, e vários líderes da revolta foram condenados à morte. Mas o clima de insatisfação estava expresso e se generalizava.

Dom Pedro I, filho do rei Dom João VI e de Dona Carlota Joaquina, chegou ao Brasil em 1808, acompanhando a família real, que fugia de Napoleão Bonaparte. Quando seu pai voltou para Portugal, Pedro passou a reger a colônia, a despeito de sua escassa formação. Ao ser chamado de volta a Portugal, recusou o convite a pedido dos brasileiros, em especial de José Bonifácio. Preferiu permanecer no Brasil, anunciando a decisão em 9 de janeiro de 1822, o "Dia do Fico". Na ocasião, soltou uma frase célebre: "Se é para o bem de todos e felicidade geral da nação, estou pronto: diga ao povo que fico". O povo o aplaudiu, e a emancipação do País foi questão de tempo. Há controvérsia sobre se Dom Pedro disse ou não disse "independência ou morte", mas não importa. Nesse momento, o imperador entrava para a História como o homem que dobrou a metrópole e livrou o Brasil da condição colonial.

Nas décadas e nos séculos seguintes, os livros didáticos e a propaganda oficial não pararam de ressaltar o gesto heróico de Dom Pedro I. O Primeiro Reinado teve início no Brasil com aprovação do povo e expectativas demasiadas. A popularidade do imperador estava no auge. Ele logo convocou uma Assembléia Constituinte, para redigir a primeira Carta Magna da História do Brasil. Eis que, em meio aos primeiros trabalhos dos constituintes, a ilusão começou a se apagar, e o País teve de cair na real. Na "Noite da Agonia", para conseguir plenos poderes, Dom Pedro não hesitou em dissolver a Assembléia e calar quem fizesse oposição a seus planos. Um modelo de Constituição, redigido a toque de caixa, foi outorgada em março de 1824. De acordo com a Carta, haveria o Poder Moderador: "A pessoa do imperador é inviolável e sagrada. Ele não está sujeito a responsabilidade alguma". Dom Pedro governaria absoluto, com controle total do Executivo, poder irrestrito de veto e direito a nomear ministros e senadores.

As províncias perderam autonomia e tiveram de se submeter ao chefe de Estado. Uma ex-colônia entrava assim na rota do autoritarismo. Não demorou a surgirem as primeiras revoltas decorrentes da Constituição. Ainda no ano de 1824, um movimento urbano irrompeu em Pernambuco e declarou que a província não fazia mais parte do Brasil. Era a Confederação do Equador, encabeçada por Paes de Andrade e Frei Caneca. Fortalecido a não mais poder, Dom Pedro promoveu uma repressão rápida e violenta. Três líderes da Confederação foram condenados à morte.

Daí até a abdicação do trono, o imperador viveu uma escalada de desprestígio e impopularidade. Nesse período, o Império não teve estabilidade em momento algum, como resume o historiador Eduardo Bueno: "Dom Pedro meteu-se em crises internas e externas. Incompatibilizou-se com o Exército, com o povo e com os políticos. Viu o Brasil endividar e Portugal rebelar-se. Declarou uma guerra desastrosa contra a Argentina [e o Uruguai] (...). Surgiram no Rio e em São Paulo inúmeros e 'violentíssimos' jornais independentes — e os ataques a Dom Pedro se tornaram um esporte nacional".

Contrariando as palavras do "Dia do Fico", o Primeiro Reinado funcionava para o bem de poucos e infelicidade geral da nação. Em 7 de abril de 1831, o imperador abdicou, em favor de seu filho, Dom Pedro II, de apenas 5 anos. Voltou em seguida para Portugal, onde tomou o trono do irmão, Dom Miguel, e promulgou a nova Constituição lusitana. Até que foi acometido por uma tuberculose. Morreu pouco tempo depois, vítima da doença. A posteridade o redimiu.

Nada de lembrar o atabalhoado Dom Pedro I que chefiou o Primeiro Reinado. Na hora das homenagens, o que vale é se associar à exagerada faceta de herói que cerca o primeiro imperador do Brasil. Desde 1998, sua imagem é cunhada na moeda de 10 centavos de real. Em 1972, Médici lançou três moedas comemorativas do sesquicentenário da independência, nas quais as efígies do imperador e do próprio Médici aparecem lado a lado, de perfil.

Também no governo do terceiro general-presidente do regime militar, Dom Pedro I foi estampado na nota de 5 cruzeiros, lançada em 1970. Apesar de a cédula homenagear o precursor do Império brasileiro, seu reverso destaca *Revista Militar no Largo do Paço*, um quadro do século 18. O autor da obra, Leandro Joaquim, retratou a cerimônia de inauguração da reforma do local, que viria a se chamar Praça XV de Novembro, numa curiosa alusão à data da proclamação da República. À frente da imagem, aparece o Chafariz do Mestre Valentim. A vista corresponde à antiga entrada do Rio de Janeiro.

Outra cédula com a efígie do imperador é a de 200 cruzeiros, que explicita o tema da independência ao expor, no reverso, o quadro *O Grito do Ipiranga*, obra-prima ufanista de Pedro Américo, composta entre 1886 e 1888.

Ainda em cédulas, cabe notar que Dom Pedro I, a exemplo do que ocorreu com seu filho, Dom Pedro II, foi retratado em dois momentos críticos da História do Brasil: as ditaduras chefiadas por Getúlio Vargas (Estado Novo) e Médici. Esqueçam-se os infortúnios do Primeiro Reinado. Se é para os ditadores republicanos lembrarem de Dom Pedro, que seja como herói. A lógica é atribuir aos regimes autoritários um caráter supostamente salvacionista.

# Ensaio para a repressão

Primeiro presidente após o Golpe de 1964, Castello Branco era descendente de José de Alencar e parente de Rachel de Queirós. Tanto ele quanto os demais presidentes do regime (1964-1985) estudaram no Colégio Militar de Porto Alegre. Ao se formar, em 1931, Castello era o aluno de melhor desempenho da turma. Nos anos seguintes, realizou todos os cursos oferecidos pelo Exército. Serviu a Força Expedicionária Brasileira durante a II Guerra Mundial e atingiu a patente de general do Exército em 1962.

Dois anos depois, despontou ao chefiar, em 1º de abril, o golpe contra o presidente João Goulart. No mesmo mês, foi eleito presidente por um Congresso em estado de choque. O Ato Institucional nº 1 (AI-1), baixado dias antes pela Junta Militar, havia cassado diversos mandatos e suspendido os direitos políticos de 102 brasileiros. Em junho, surgiu o poderoso Serviço Nacional de Informações (SNI), chefiado por Golbery do Couto e Silva. Com base em denúncias e suspeitas, o regime ocupou e destruiu a sede de vários sindicatos, jornais, rádios, universidades e entidades estudantis. Tudo em nome da "ordem nacional", segundo os militares.

A Constituição de 1946 foi logo suspensa, enquanto o AI-2 reduziu os partidos políticos a duas siglas: a governista Arena (Aliança Renovadora Nacional) e o oposicionista MDB (Movimento Democrático Brasileiro). Com o AI-3, os governadores passaram a ser eleitos indiretamente, a exemplo do presidente. Nos últimos meses de seu governo, Castello Branco promulgou a Constituição de 1967 e a Lei de Imprensa, restringindo direitos como a liberdade de pensamento e de informação. Os "anos de chumbo" estavam apenas começando, mas o primeiro general-presidente mal acompanharia os desdobramentos do regime. Em 18 de julho de 1967, quatro meses após concluir seu mandato, Castello Branco morreu em um acidente aéreo. O avião do Exército em que ele viajava colidiu no ar com um jato da Força Aérea Brasileira.

Apesar de não ser representante da chamada "linha-dura" do regime militar, Castello Branco é retratado de forma profundamente austera — e talvez assustadora — na moeda comemorativa de 10 cruzeiros, lançada em 1975 por ocasião do décimo aniversário do Banco Central. A moeda contrasta com a cédula de 5.000 cruzeiros, que foi lançada seis anos depois, estampando o próprio Castello, agora alegre e sereno. Foi em seu governo que se criou o Banco Central — daí a associação entre o presidente e o banco na moeda comemorativa.

Já a nota de 5.000 cruzeiros ostenta o legado de um regime que caminhava para o fim. No governo de João Batista Figueiredo (1979-1985), a ditadura dava sinais de esgotamento. O presidente, na esteira de seu antecessor, Geisel, promovia a abertura "lenta, gradual e segura", tomando medidas como o restabelecimento do pluripartidarismo e a anistia a presos e exilados políticos. Nem por isso os militares abriram mão de propagar seus feitos. Para ilustrar o desenvolvimento brasileiro no período, o reverso destaca as hidroelétricas e as telecomunicações — duas áreas que tiveram progressos sobretudo na década de 1970, com a construção de Itaipu e o surgimento da Embratel. A cédula de 5.000 cruzeiros, enfim, tenta reforçar a imagem do regime militar como um período próspero, de investimentos e realizações em infra-estrutura.

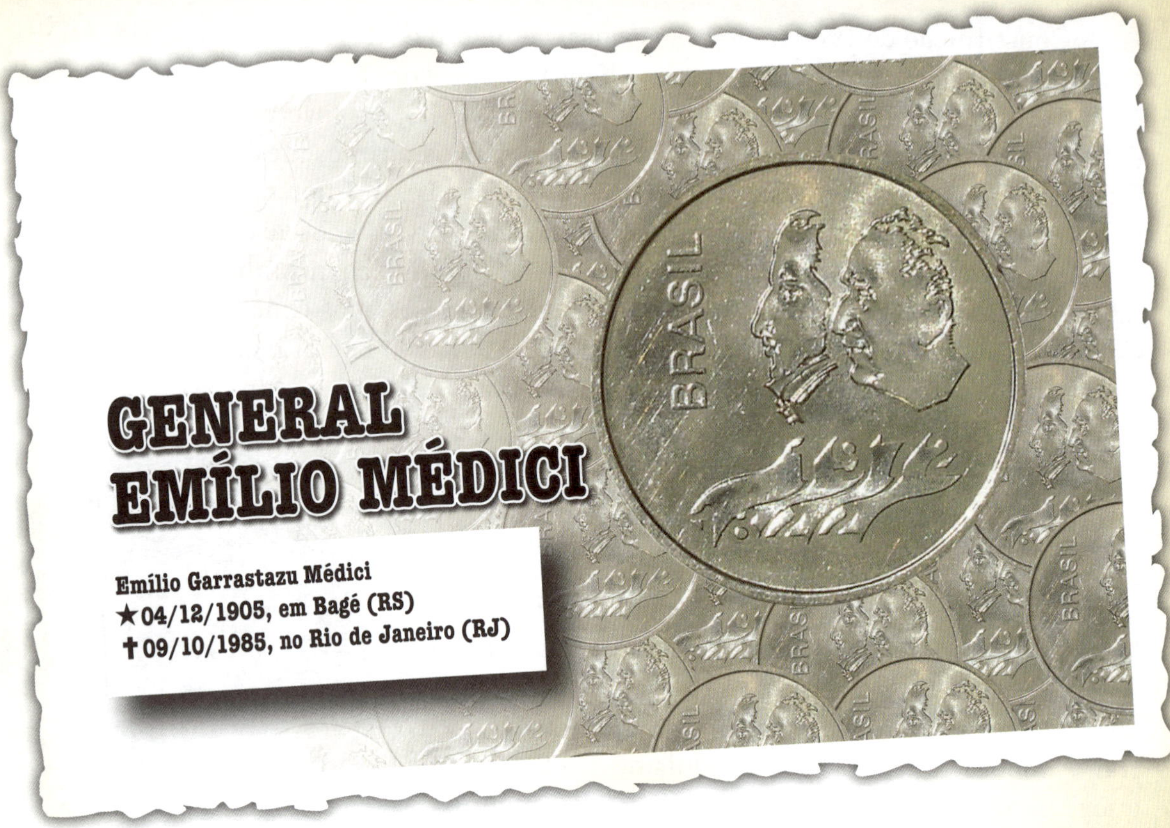


# O milagre e o horror, lado a lado

O melhor e o pior do regime militar brasileiro são marcas do governo Médici, que durou de 1969 a 1974. O PIB apresentava taxas recordes de crescimento. Era o período do "milagre econômico", até hoje insuperável. Mas o terceiro general-presidente entrou mesmo para a História como o ditador que mais transformou o País num palco de repressão, tortura e medo.

Com participação de destaque na Revolução de 30, Emílio Garrastazu Médici se tornou general em 1961 e era comandante da Academia Militar durante o Golpe de 1964. Chefe do Serviço Nacional de Informações desde os fins do governo Castello Branco, acompanhou de perto a escalada repressiva que os militares impuseram aos brasileiros. O AI-5, baixado em dezembro de 1968, fortaleceu tanto a presidência que se tornou o documento-chave para entender o regime. De acordo com o ato, cargos como os de juízes, militares e funcionários de autarquias perdiam estabilidade — o presidente podia "demitir, remover, aposentar e transferir" qualquer um deles. Além de suspender o direito ao habbeas corpus, Costa e Silva fechou o Congresso e limitou o Poder Judiciário, dando ao Executivo poderes para legislar qualquer ponto da Constituição.

Com o AI-5, em tese, a ditadura parecia ter atingido o auge. Até que Médici sucedeu Costa e Silva e mostrou a face mais severa do regime. Os pretextos da ordem e da "segurança nacional" levaram os militares a um radicalismo institucionalizado. O governo Médici igualou o pior do Estado Novo, abusando da propaganda oficial e das deturpações publicitárias. Na lógica militarista, qualquer crítica ao regime era interpretada como uma subversão, uma afronta ao Brasil. Um símbolo dessa deturpação era o slogan "Brasil, ame-o ou deixe-o", que podia ser lido, nas entrelinhas, como "Aceite o regime ou suma daqui".

De acordo com o AI-13, quem fosse "inconveniente, nocivo ou perigoso à segurança nacional" seria banido do território. O AI-14, mais radical ainda, autorizou o governo a aplicar pena de morte em casos extremos. Era difícil ver ordem onde praticamente tudo de certo parecia "fora do lugar". As palavras do presidente só pareceram mais próximas da razão quando ele, numa atípica declaração a um jornalista, definiu a discrepância entre o milagre o horror: "O Brasil vai bem, mas o povo vai mal".

A censura à mídia e a eficiente propaganda oficial são os principais motivos da popularidade alcançada por Médici ao longo de seu governo. Ao controlar jornais e rádios, o regime "acabou" com as más notícias sobre o País, conseguindo projetar ainda mais o "milagre econômico" e a construção de grandes obras, como a Rodovia Transamazônica.

Já a propaganda procurava associar o presidente aos grandes vitoriosos, heróis e mitos do País, sobretudo nos esportes. Durante o governo Médici, a seleção brasileira de futebol conquistou a Copa do Mundo de 1970; o piloto Émerson Fittipaldi faturou o Mundial de Fórmula-1 em 1972; e o boxeador Éder Jofre se sagrou campeão mundial na categoria penas um ano depois. Os militares souberam capitalizar essas conquistas, associando cada uma delas ao regime, sob o lema "Pra Frente, Brasil!".

Médici foi um dos poucos presidentes brasileiros a estampar a própria efígie no dinheiro nacional. Em seu governo, para comemorar os 150 anos da independência do Brasil, foram lançadas três moedas: 1, 20 e 300 cruzeiros. Apenas a de menor valor teve tiragem regular.

No anverso delas, Médici está estampado ao lado de Dom Pedro I, ambos de perfil. Sob as efígies, duas datas aparecem estilizadas: 1822 (ano da independência) e 1972 (ano em que as moedas foram cunhadas). O reverso traz o mapa do Brasil com rotas partindo de Brasília, numa referência à integração nacional.

A representação do governante em moeda é raríssima nas democracias republicanas. Igualmente raras são moedas retratando dois personagens — quem dera personalidades tão distantes no tempo e na História. Além disso, a apropriação da moeda como meio publicitário fazia mais do que sentido no governo Médici, um período em que se abusou da propaganda para consolidar a boa imagem do presidente e do regime. As moedas com Médici e Dom Pedro não são inteiramente originais. Em 1922, Epitácio Pessoa já se fizera retratar junto com o imperador nas moedas que comemoravam o centenário da independência. Cinqüenta anos depois, Médici evocou o mesmo fato histórico e se inspirou nas moedas de Epitácio para se auto-homenagear.

## BOOM NA ECONOMIA

**O PIB durante o "milagre econômico"**

**1969:** 9,5%
**1970:** 10,4%
**1971:** 11,4%
**1972:** 11,9%
**1973:** 13,9%
**1974:** 8,3%

# Nos limites do País

O pai, Visconde do Rio Branco, era chefe do gabinete conservador de Dom Pedro II. Em 28 de setembro de 1871, numa manobra para ganhar tempo e adiar a abolição da escravatura, ele fez aprovar a Lei do Ventre Livre, ou Lei Rio Branco, que declarava livres todos os filhos de escravos nascidos a partir daquela data.

Nessa época, o filho, José Paranhos, começou a sobressair, ao se empenhar na aprovação da lei. Tinha apenas 25 anos, mas já havia fundado um jornal abolicionista e se formado em Direito, além de ser deputado geral por Mato Grosso. Ao longo do Segundo Reinado, tornou-se uma das personalidades mais respeitadas do Brasil. Autor da *Biografia do Imperador Dom Pedro II*, escrita em francês, foi conselheiro da Coroa e recebeu em 1888, da Princesa Isabel, o título de Barão do Rio Branco.

A mudança do Império para a República em nada abalou seu prestígio. Mesmo com a anulação de todos os títulos nobiliárquicos, decretada logo após a proclamação do novo regime, ele recebeu licença do governo para assinar José Maria Paranhos do Rio Branco.

Ninguém contestava o brilhantismo de sua carreira diplomática, que se iniciou em 1876, quando foi nomeado cônsul-geral em Liverpool. Passou 26 anos fora do País, desempenhando funções como Comendador da Ordem da Rosa, representante do Brasil na Exposição Internacional de São Petersburgo e chefe da delegação brasileira na Alemanha.

No ano de 1891, o presidente Floriano Peixoto o indicou para tratar da questão dos limites territoriais com a Argentina. Rio Branco deu início à fama de "guardião das fronteiras do Brasil". Revelando genialidade como diplomata e esbanjando erudição, conquistou para o País, nessa disputa, uma área de, aproximadamente, 250 mil km$^2$. Vitorioso ele também se saiu na Questão do Amapá, entre Brasil e França, que durou de 1895 a 1900.

O barão, na década seguinte, foi ministro das Relações Exteriores em três governos (Rodrigues Alves, Afonso Pena e Nilo Peçanha), resolvendo questões fronteiriças com praticamente todos os países vizinhos. A conquista mais célebre foi a região do Acre, que pertencia à Bolívia, mas era povoada e explorada por seringueiros brasileiros, em busca de borracha. A questão foi resolvida com o Tratado de Petrópolis. Em troca do Acre, o Brasil cedeu à Bolívia 2 milhões de libras e prometeu construir a estrada de ferro Madeira-Mamoré.

Membro da Academia Brasileira de Letras, Barão do Rio Branco chegou a ser cotado para concorrer à presidência da República em 1909 — mas preferiu aprofundar seus estudos. Por ter resolvido questões territoriais de modo sempre pacífico, tornou-se o patrono da diplomacia brasileira. E superou a habilidade, as conquistas e a reputação do próprio pai.

Desde que o cruzeiro foi lançado, em 1942, nenhuma personalidade foi mais representada no dinheiro nacional do que o popular e influente Barão do Rio Branco. Neste período, a efígie do maior diplomata brasileiro aparece em nada menos que cinco modelos de cédula e em uma moeda. Tudo começou com a nota de 5.000 réis, que passou a valer 5 cruzeiros no ano de 1942. O reverso estampava, figurativamente, a indústria e o comércio. A maior contribuição de Rio Branco para esses setores ocorreu em 1891, quando ele era superintendente do Serviço de Imigração na Europa, sedia-

do em Paris. Sob seu controle, cerca de 215 mil estrangeiros chegaram ao Brasil naquele ano — número recorde nas estatísticas de imigração. Entre o final do século 19 e o começo do século 20, a mão-de-obra imigrante deu fôlego e consistência à economia brasileira.

As demais homenagens a Rio Branco ressaltam sua brilhante atuação nas "questões de limites". Bem-sucedido nas oito disputas em que representou o País, o Barão não disparou tiro algum e, mesmo assim, conquistou cerca de 500 mil km$^2$ para o Brasil. Veja-se o caso da cédula de 5 cruzeiros que começou a circular em 1944 e foi relançada, com outra cor, em 1950. Além da efígie do diplomata, a nota reproduz, no reverso, o quadro *A Conquista do Amazonas*, de Antonio Parreiras. Obra figurativa de 1907, o trabalho deixa claro o clima pacífico em meio ao qual Rio Branco ampliou a soberania brasileira na região amazônica.

Repercussão, mesmo, teve a cédula de 1.000 cruzeiros — a célebre nota que valia "um barão", segundo o senso comum. Foi apresentada em 1978 e teve uma versão três anos depois, com ligeiros ajustes técnicos. Embora Barão fosse tão popular, o que estampava o reverso era um desconhecido instrumento óptico, chamado teodolito, aparecendo por cima de uma planta topográfica. Usado para medir ângulos horizontais e verticais, distâncias e alturas, o teodolito representa, nesse caso, a demarcação de limites.

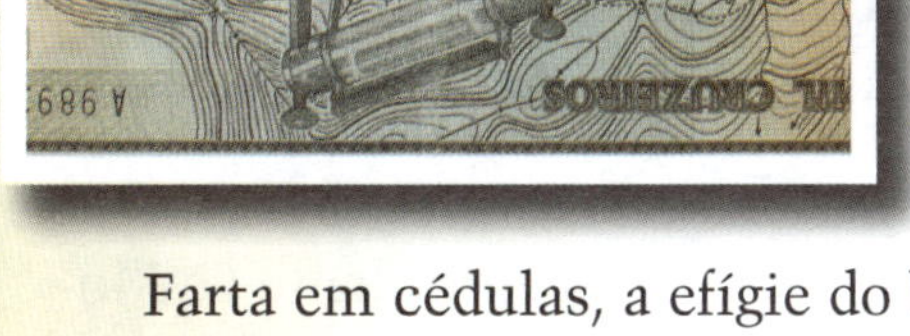

Farta em cédulas, a efígie do barão só foi cunhada numa moeda em 1998, ao valor de 50 centavos de real. Era a prova de que, com o passar do tempo, Rio Branco se tornou uma das poucas unanimidades da História do Brasil.

# A mão de ferro da República

O segundo presidente do Brasil teve de garantir seu governo à força. Filho de uma família simples, Floriano Peixoto só conseguiu entrar na Escola Militar com a indicação de um tio que era senhor de engenho. Ocupou as patentes baixas do Exército até servir na Guerra do Paraguai, de onde saiu como coronel. Continuou subindo de patente e iniciou carreira política. Em 1884, tornou-se presidente da província de Mato Grosso. Durante o governo provisório, após a proclamação da República, assumiu o cargo de ministro da Guerra, substituindo Benjamin Constant. Foi eleito senador pelo estado de Alagoas em 1890 e participou da elaboração da primeira Constituição republicana.

Nas eleições de 1891, concorreu como vice-presidente da chapa de Prudente de Moraes. Como as eleições de presidente e vice eram separadas, Deodoro da Fonseca ganhou para presidente, e Peixoto, para vice. Após nove conturbados meses de governo, Marechal Deodoro renunciou, e Peixoto assumiu a presidência. Negando-se a convocar novas eleições, como determinava a Constituição, contou com o apoio dos latifundiários paulistas do PRP (Partido Republicano Paulista) para permanecer no poder, apesar de seu governo ter sido considerado "ilegítimo". Além do forte oposicionismo de várias unidades do Exército e da Marinha, que não abriam mão de um novo pleito, Peixoto enfrentou revoltas e crises em todo o País, prestes a entrar em guerra civil. A situação apenas colaborava para reforçar a convicção do novo presidente de que só pela força se estabeleceria a ordem na República.

Peixoto resolveu seu problema com o Exército dissolvendo o grupo que encabeçava o antiflorianismo. Os principais opositores foram aposentados, presos ou deportados para a Amazônia. Também conseguiu, por meio da violência, abafar e controlar os conflitos da Revolução Federalista do Rio Grande do Sul e da Revolta da Armada, liderada por insatisfeitos da Marinha que chegaram a abrir fogo contra a cidade do Rio de Janeiro, sede do governo. As ações justificaram o apelido que Peixoto ganhou à época — "Marechal de Ferro" — e inauguraram a corrente política conhecida como jacobinismo florianista, que defendia que Peixoto era o salvador da República. Com a Revolta da Armada derrotada e a Revolução Federalista sob controle, Peixoto atingiu o auge de sua popularidade e conseguiu evitar a guerra interna no País. O caminho estava aberto para a burguesia paulista cafeeira eleger um representante civil presidente.

Floriano é tido como o político que consolidou a República, ao assumir a presidência logo depois da renúncia de Deodoro da Fonseca. Por essa razão, as duas notas em que sua efígie está estampada fazem referências ao regime que sucedeu o Império. A cédula de 500 cruzeiros, reaproveitada da cédula de 500 mil réis, traz no reverso o medalhão das armas da República.

Já a nota de 100 cruzeiros retrata o Congresso Nacional, palco, em Brasília, do poder legislativo republicano. Lançada no governo do General Médici, a cédula também reverencia, indiretamente, o próprio regime militar, ao destacar um membro do Exército que, ao chegar à presidência da República, foi chamado de "Marechal de Ferro".

# E a união fez-se à força

**INTEGRAÇÃO RODOVIÁRIA DAS REGIÕES**
**EVOLUÇÃO DA RAÇA BRASILEIRA**

Os conceitos de raça e integração são polêmicos por natureza, ainda mais num país de origem colonial. A "raça brasileira", expressão igualmente duvidosa, formou-se pela miscigenação de três etnias: os brancos (representados pelos europeus — não só os colonizadores portugueses mas também franceses, holandeses, espanhóis, ingleses, italianos e alemães); os negros (que vieram como escravos do continente africano); e os amarelos (ameríndios que habitavam toda a América).

Muitos dos negros escravos que vieram para o Brasil já representavam a miscigenação de árabes do norte da África, como os Fulas e os Hauças. A mistura das três etnias originais criou tipos intermediários de mestiços como — entre outros, o caboclo (de origem branca e indígena), o mulato (brancos com negros) e o cafuzo (negros mais índios). Autores como Gilberto Freyre e Darci Ribeiro exaltam essa miscigenação, mas é preciso lembrar que o Brasil é uma "civilização branca", que liquidou os índios por etapas e foi o último país a abolir a escravatura negra.

A idéia de integração nacional por meio das rodovias recebe críticas também, já que o Brasil ainda sofre com a falta de ferrovias. No governo de Juscelino Kubistchek, foram pavimentados mais de 3.000 quilômetros rodoviários — uma necessidade derivada dos investimentos na indústria automobilística. Com o "milagre econômico", cresceram os investimentos em infra-estrutura, e as rodovias se alastraram a praticamente todos os estados. Ao cortarem o Brasil, integrando o território, as estradas de rodagem se impuseram sobre a vegetação nativa e desrespeitaram populações.

Se é o preço do progresso, não se sabe. Mas cabe dizer que o princípio da união sempre dependeu da força — dos colonizadores, da elite imperial, dos ditadores... Para piorar, os recordes que as rodovias têm batido são outros. O Brasil lidera o ranking dos países com mais roubo de carga e estradas pedagiadas.

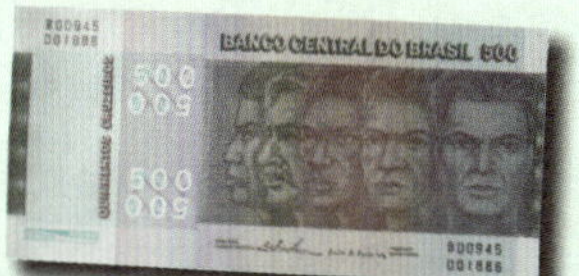


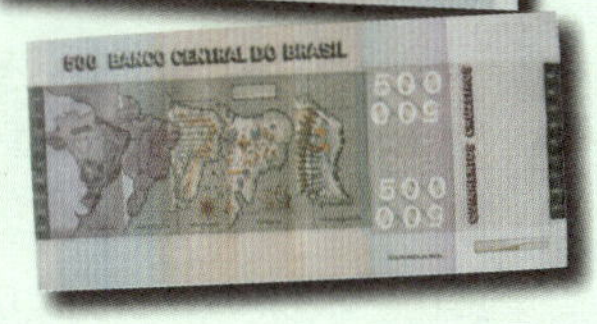


A unidade nacional é uma das idéias mais caras aos militares que exerceram a presidência da República. O regime militar, em especial, trabalha com a idéia de evolução e aperfeiçoamento. Dessa forma, a nota de 500 cruzeiros expõe um brasileiro em cinco representações seqüenciais. De perfil na primeira efígie, o personagem termina a seqüência de frente, em primeiríssimo plano. É um processo de emancipação étnico-racial, que, por sinal, nada tem a ver com o regime militar. O reverso trabalha com cartas histórico-geográficas do Brasil, destacando, da direita para a esquerda, mapas do Descobrimento, do Comércio, da Colonização, da Independência e a Integração.

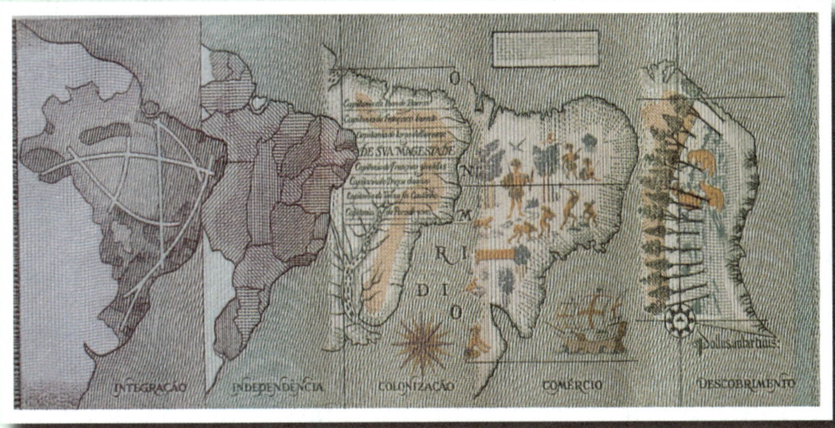


Já a moeda de 10 cruzeiros valoriza a integração territorial, por meio de rodovias. A imagem cunhada é a mesma utilizada no mapa da Integração, na nota de 500 cruzeiros. À propaganda de unidade nacional, os militares acrescentam uma campanha sobre o lado empreendedor do regime. O Brasil já era conhecido como "o país do futuro". Era preciso demonstrar isso cada vez mais.

# O teatro de operações

**BRASÍLIA**

A capital do Brasil, inaugurada em 1960, começou a surgir em 1823. Brasília era o nome sugerido por José Bonifácio à nova cidade que seria capital do Império. Dom Pedro I, entretanto, destituiu a Assembléia Constituinte antes mesmo de o projeto ser votado. Mais de um século depois, em 1955, o então candidato a presidente Juscelino Kubitschek prometeu a um eleitor goiano que, se eleito, transferiria a capital federal do Rio de Janeiro para o Planalto Central.

Já no primeiro ano de governo, JK encaminhou ao Congresso uma proposta para a construção de Brasília e a criação da Companhia Urbanizadora da Nova Capital (a futura Novacap). Aprovado o projeto, abriu-se um edital para o "Concurso Nacional do Plano Piloto da Nova Capital do Brasil". O edital foi vencido pela equipe do urbanista Lúcio Costa que, ao lado do grupo de arquitetos encabeçado por Oscar Niemeyer, começou a construir todos os prédios públicos e grande parte dos residenciais da nova capital, mobilizando mais de 10 mil operários, conhecidos como "candangos". Do "Catetinho", primeira construção de Brasília, elaborada para ser residência temporária do presidente na região, JK acompanhava a evolução da obra.

Em 18 de fevereiro de 1957, o presidente assinou oficialmente a escritura de transferência da capital da República. A decisão de construir Brasília se baseava na idéia de que existiam "dois brasis": um litorâneo, produtivo e moderno, e outro interiorano, estagnado social e economicamente. A transferência da capital do país para o interior era uma tentativa de interiorizar o desenvolvimento. Brasília foi fundada ainda no mandato de JK, em 21 de abril de 1960. Tinha seus principais edifícios já concluídos, como o Palácio da Alvorada (residência oficial do presidente da República), o Supremo Tribunal Federal, o Palácio do Planalto e o Congresso Nacional.

Apesar de ser vinculada especialmente a JK, foi somente no regime militar que Brasília se consolidou de fato como capital do País. Há muito simbolismo na capital — a República, o desenvolvimento nacional, o trabalho, a integração. Até hoje, é considerada um dos expoentes da arquitetura moderna e foi declarada Patrimônio Histórico e Cultural da Humanidade pela Unesco, em 1987.

Eis o tema da moeda de 50 cruzeiros, que entrou em circulação no ano de 1981. Na representação do Plano Piloto, em risco original, é possível ver, claramente, que as fronteiras da cidade lembram o formato de um avião. Ao reverenciá-la, os militares legitimam o palco do poder — o "teatro de operações". As decisões políticas em Brasília tinham mais repercussão do que quaisquer outras.

Por meio do Palácio da Alvorada, do Catetinho e do Congresso, a capital brasileira está representada também na nota de 100 mil cruzeiros, que passaria a valer 100 cruzados.

Outra homenagem ocorre na cédula de 100 cruzeiros lançada em 1970 — o Congresso Nacional é o motivo do reverso.

Em 2002, no centenário do nascimento de JK, a moeda comemorativa de 2 reais trouxe a última representação de Brasília no dinheiro nacional.

# Entre o passado histórico e o futuro turístico

### IGREJA DE SÃO FRANSCISCO DE ASSIS

As cidades ditas históricas são atrações das mais importantes para o turismo brasileiro. Minas Gerais, que já foi destaque no ciclo do ouro (século 18) e na Política do Café-com-leite (um século e meio depois), concentra várias dessas cidades, às voltas da ex-capital Ouro Preto. A bonança dourada levou arte, cultura e desenvolvimento à região, atraindo ainda a atenção religiosa.

Tudo isso se faz presente na Igreja de São Francisco de Assis, símbolo maior do barroco mineiro, localizada em Ouro Preto. Não há conhecimento exato sobre o tempo que se levou para a execução da igreja. O início parece ter sido em 1765 ou 1766. Mas a igreja, ao que tudo indica, só foi concluída em 1838.

O pintor Manuel da Costa Athaíde teve de se esforçar em dobro para construir o forro da nave, devido ao formato especial da abóbada do templo, dotada de chanfros laterais. Seu trabalho se estendeu de 1801 a 1812. No decorrer do século 20, a igreja passou por sucessivas obras de conservação e, em 1980, foi tombada pela Unesco, junto com a cidade de Ouro Preto, como patrimônio histórico da humanidade.

No ano de 1981, o regime militar homenageou a Igreja de São Francisco de Assis, que tinha acabado de ser tombada. A preservação histórica projetava o ar nacionalista tão disseminado pelos presidentes-generais. Além do mais, o Brasil vivia o período da abertura "lenta, gradual e segura" do regime. O destaque a uma e outra atração que tivesse potencial turístico pode parecer prosaico, mas era uma alternativa para se fugir de temas mais tradicionais e controversos, como política e economia.

# O grande poder de uma pequena concha

**ZIMBO**

A Ilha de Luanda, na Angola, cumpria as funções de uma "casa da moeda" para o Reino do Congo. Sem produtos que interessassem à demanda da metrópole, tornou-se uma "mina de escravaria". A situação piorou ainda mais quando, no século 17, Congo e Angola passaram a utilizar como moeda uma conchinha de molusco chamada zimbo (ou jimbo).

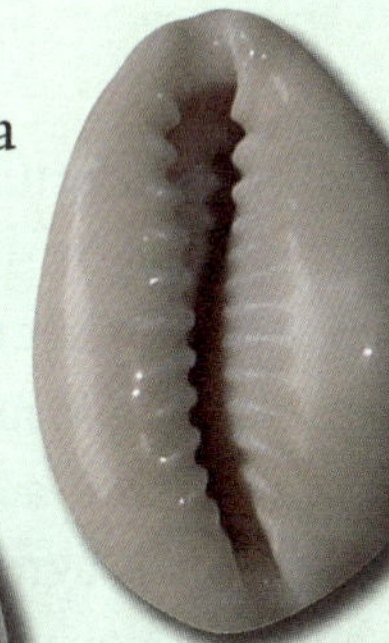

A medida serviu de estímulo ao tráfico de escravos. No Brasil, senhores de engenho lucraram porque havia zimbo em abundância nas praias. Ao trocar negros por zimbo, Congo tinha mais riqueza para menos habitantes, o que interessava a seu trono. Fora do continente africano, o Brasil foi o país que mais se beneficiou da moeda. Os escravos também utilizavam o zimbo como meio de troca, mantendo a tradição nos engenhos brasileiros.

Eis um raro momento em que a moeda se auto-homenageou. O zimbo foi um dos primeiros materiais usados como dinheiro no Brasil, sob influência dos escravos vindos de Angola. Há um quê de constrangimento nessa lembrança. A pequena concha pode ter funcionado décadas como meio de troca — mas foi também um dos produtos que mais ajudaram a sustentar o tráfico de escravos. As moedas de 1 centavo e 1, 5, 10, 20 e 50 cruzeiros, lançadas a partir de 1979, traziam uma representação do zimbo no anverso, contraposto ao símbolo do Banco Central.

# Os produtos que alimentam a economia

## SOJA, CANA-DE-AÇÚCAR, BOI-ZEBU E CAFÉ

O Brasil é um dos países mais industrializados do mundo. Só que, até o Segundo Reinado, no século 19, não havia nem um parque industrial sequer no País. Isso ajuda a entender a boa participação, até hoje, de produtos agropecuários, como o feijão e a soja, na contagem do PIB nacional. Consumido à proporção de 16 kg por habitante ao ano, o feijão é um dos principais produtos fornecedores de proteína na dieta alimentar das camadas sociais mais pobres. Os índios já o cultivavam antes do "descobrimento". Com a colonização do País, tornou-se um alimento típico de escravos, que deram origem ao mais brasileiro dos pratos — a feijoada.

O cultivo da soja, iniciado na região de Santa Rosa (RS), ganhou estímulo nos anos 50. O governo passou a investir na agricultura comercial por meio da transformação das lavouras de subsistência e de cultivos diversificados em culturas modernas de plantação, com forte presença de máquinas e implementos agrícolas. Assim, a cultura da soja foi uma alternativa para a lacuna da lavoura de trigo no verão. A década de 1970 confirmou a consolidação da cultura da soja na região Sul. O avanço levou o Brasil a se tornar o segundo maior produtor individual de soja do mundo, atrás apenas dos Estados Unidos.

A história da cana-de-açúcar no Brasil se origina no período colonial. A exploração do pau-brasil deu lugar à criação de gado e à plantação de cana. O produto começou a ser plantado a partir da segunda metade do século 16, quando Portugal resolveu ganhar dinheiro explorando o Brasil. No período conhecido como "ciclo da cana", a prática da monocultura e do escravismo se consolidou.

A criação nacional de boi-zebu, como atividade de subsistência das fazendas e de abastecimento para as vilas, começou com um almoxarife real da Coroa Portuguesa, Garcia D'Ávila. Não era uma atividade dirigida para a exportação e combinava o trabalho escravo com a mão-de-obra livre. Com a aceleração da colonização do Sul, na primeira metade do século 18, a pecuária bovina se estendeu pela campanha gaúcha. O estímulo para o desenvolvimento da pecuária veio com a exploração de ouro e diamantes em Minas Gerais, que era abastecida pela produção do charque sulista.

O café, por sua vez, foi introduzido no Brasil em 1727, pelo capitão-tenente Francisco de Melo Palheta, que contrabandeou as sementes da Guiana Francesa. Durante o século 18, o cultivo se limitou ao Nordeste, onde os solos não eram adequados. A cafeicultura, por esse motivo, só se desenvolveu no século 19, quando o produto foi trazido para a região Sudeste, principalmente nas áreas de terra roxa do Oeste paulista, como Campinas, Sorocaba, Ribeirão Preto e Araraquara. O café se tornou rapidamente a principal atividade agrícola do País, responsável, ao longo de décadas, por mais da metade da renda da exportação.

O reinado do café tomou o lugar do ciclo da cana-de-açúcar, gerando um problema de escassez de mão-de-obra, provocada pelo final do tráfico de escravos para o País. A solução foi atrair imigrantes para trabalharem nas lavouras. Nas últimas décadas do século, as fazendas de café receberam milhares de asiáticos e europeus, atraídos pelo regime de parceria entre os países. Com a substituição do trabalho escravo pelo livre, a cafeicultura não apenas se desenvolveu como também apressou o fim da escravidão e ajudou a formar a nova elite brasileira.

Em meio ao regime militar, o grande crescimento do PIB criou um surto de valorização do produto nacional. Os generais-presidentes mandaram estampar, no dinheiro, produtos tipicamente brasileiros. Daí a profusão de temas ligados à agricultura e à pecuária.

Capítulo 4

# Cruzado Cz$

# Na era dos planos mirabolantes

**CRUZADO**
**Período**
28/02/1986 a 15/01/1989
(2 anos e 11 meses)
**Inflação do período**
7.052,76%
**Salário mínimo em 01/03/1986**
Cz$ 804,00
**Salário mínimo em 01/01/1989**
Cz$ 54.374,00

De 1942 até 1985, o Brasil trocou de unidade monetária três vezes. Já é um número alto, se considerarmos a longevidade de moedas como o dólar. O que dizer, então, das cinco reformas monetárias efetuadas no País em apenas oito anos — de 1986 a 1994? Nesse período, para deter a inflação, sete planos econômicos foram elaborados. O único que demonstrou sobrevida foi o último deles, conhecido como Plano Real.

Por trás de cada planejamento havia o fenômeno da estagflação, que transformou os anos 80 na "década perdida". Tratava-se de um período em que o PIB não tinha vigor igual ao apresentado durante o "milagre econômico", enquanto a inflação disparava mês a mês. A economia brasileira se contraiu 4,3% em 1981, cresceu apenas 0,8% em 1982 e sofreu queda de 2,9% em 1983. No ano seguinte, retomou o rumo do crescimento, elevando-se entre 1984 e 1986 a uma média anual de 6,9%. Por outro lado, a inflação acumulada durante o governo Figueiredo foi de 58.358%.

O cruzeiro, portanto, havia se transformado numa moeda fraca. Cédulas de 100 mil chegaram a circular, assim como moedas de 500. Coube a José Sarney apresentar um plano de estabilização. Em 1986, menos de um ano após assumir seu cargo, o presidente anunciou o cruzado, por meio de três documentos oficiais: o decreto 2.283, de 27 de fevereiro; a resolução 1.100, publicada no dia seguinte; e o decreto 2.284, de 10 de março. O nome da nova moeda era uma derivação de cruzadas. Remetia às expedições militares e religiosas, realizadas pelos reinos católicos durante a Idade Média, a fim de reconquistar a Terra Santa, ora ocupada pelos muçulmanos. O cruzado também correspondia ao valor de 400 réis — e deu nome a uma série de moedas em prata lançadas no Brasil em 1834. O termo está ligado à

imagem e à idéia de cruz, símbolo cristão conhecido universalmente e amplamente difundido no território nacional.

A instituição da moeda, em 1986, era a principal medida do Plano Cruzado, que se propunha, formalmente, a combater a inflação. A promessa de estabilidade monetária se baseava, antes de tudo, no artigo 35 do decreto 2.284: "Ficam congelados todos os preços nos níveis de 27 de fevereiro de 1986". Vários órgãos federais estavam incumbidos de fiscalizar o congelamento, aplicando penas às empresas e aos prestadores de serviço que remarcassem indevidamente seus preços e honorários. O governo convocou até a população para denunciar infrações, dando origem aos "fiscais do Sarney" — cidadãos comuns que iam às lojas e aos supermercados, checavam preços e acusavam eventuais irregularidades.

Apesar da euforia, o Plano Cruzado se saturou em poucos meses. Mas o governo conseguiu prolongar formalmente o plano, para beneficiar o PMDB, partido do presidente, ao qual estavam filiados 22 dos 23 governadores eleitos em novembro de 1986. Garantidos os votos, o cruzado passou de herói a vilão (veja box na pág. 123).

Antes da decepção — antes até da euforia —, era preciso fazer ajustes de praxe, de modo a trocar a moeda brasileira. A tradicional equivalência de 1‰ foi feita: 1.000 cruzeiros passaram a valer 1 cruzado, o que impôs, de quebra, a reutilização do centavo como moeda divisionária. O Banco Central logo começou a remarcar as cédulas de cruzeiro e produzir novas moedas e notas específicas ao cruzado, dando seqüência a temas de exaltação nacional, na política, nas artes e na ciência.

O Brasil retratado, até então, no dinheiro nacional era gigante não só por natureza mas também por mérito dos governantes. Identificava-se o País como uma potência emergente, de privilegiada infra-estrutura, riqueza agrícola e desenvolvimento socioeconômico. Os temas culturais traziam a idéia de imponência e vigor. Não havia efetivas concessões de cunho popular.

A partir do cruzado, porém, os brasileiros em destaque não eram mais os "donos do poder", nem políticos "salvacionistas", nem os "heróis da pátria". No lugar deles, a força do Brasil era personificada em representantes notórios das artes e das ciências, da educação e da ecologia. O nacionalismo estava mais próximo das idéias de autores geniais do que das realizações de quem governou o "país do futuro". Era, portanto, um Brasil muito mais sentimental e representativo.

Dava para perceber essa marca nas cédulas lançadas sob a vigência do cruzado, que se somaram a notas reaproveitadas do cruzeiro. A transição seguiu o ritual da reimpressão. Três cédulas de cruzeiro receberam o selo do cruzado e depois foram modificadas, para já serem impressas com a inscrição da nova unidade monetária. No mesmo ano, entrou em circulação a nota de 500 cruzados. Entre os homenageados no novo padrão monetário, encontravam-se Machado de Assis e Cândido Portinari.

**10 CRUZADOS**

**Anverso:** Rui Barbosa
**Reverso:** II Conferência da Paz (Haia, 1907)
**Dimensões:** 15,4cm x 7,4cm
**Órgão emissor:** Banco Central do Brasil
**Fabricante:** Casa da Moeda do Brasil
**Período de circulação:** 22/04/1986 a 15/03/1990
**Obs.:** O reverso é igual ao da nota de 10 mil cruzeiros (pág. 90)

Saiba mais na página 127

**50 CRUZADOS**

**Anverso:** Oswaldo Cruz
**Reverso:** Fundação Instituto Oswaldo Cruz
**Dimensões:** 15,4cm x 7,4cm
**Órgão emissor:** Banco Central do Brasil
**Fabricante:** Casa da Moeda do Brasil
**Período de circulação:** 22/04/1986 a 15/03/1990
**Obs.:** O reverso é igual ao da nota de 50 mil cruzeiros (pág. 91)

Saiba mais na página 134

**100 CRUZADOS**

**Anverso:** Juscelino Kubitschek
**Reverso:** Brasília
**Dimensões:** 15,4cm x 7,4cm
**Órgão emissor:** Banco Central do Brasil
**Fabricante:** Casa da Moeda do Brasil
**Período de circulação:** 22/04/1986 a 15/03/1990
**Obs.:** O reverso é igual ao da nota de 100 mil cruzeiros (pág. 91)

Saiba mais nas páginas 224 e 108

## 10 CRUZADOS

**Anverso:** Rui Barbosa
**Reverso:** II Conferência da Paz (Haia, 1907)
**Dimensões:** 15,4cm x 7,4cm
**Órgão emissor:** Banco Central do Brasil
**Fabricante:** Casa da Moeda do Brasil
**Período de circulação:** 20/10/1986 a 15/03/1990

Saiba mais na página 127

## 50 CRUZADOS

**Anverso:** Oswaldo Cruz
**Reverso:** Fundação Instituto Oswaldo Cruz
**Dimensões:** 15,4cm x 7,4cm
**Órgão emissor:** Banco Central do Brasil
**Fabricante:** Casa da Moeda do Brasil
**Período de circulação:** 20/10/1986 a 15/03/1990

Saiba mais na página 134

## 100 CRUZADOS

**Anverso:** Juscelino Kubitschek
**Reverso:** Brasília
**Dimensões:** 15,4cm x 7,4cm
**Órgão emissor:** Banco Central do Brasil
**Fabricante:** Casa da Moeda do Brasil
**Período de circulação:** 20/10/1986 a 15/03/1990

Saiba mais nas páginas 224 e 108

## 500 CRUZADOS

**Anverso:** Villa-Lobos
**Reverso:** Regência
**Dimensões:** 15,4cm x 7,4cm
**Órgão emissor:** Banco Central do Brasil
**Fabricante:** Casa da Moeda do Brasil
**Período de circulação:** 20/10/1986 a 31/10/1990

**Saiba mais na página 130**

### A crase da discórdia

A nota de 500 cruzados trazia uma frase de Villa-Lobos: "Considero minhas obras como cartas que escrevi a posteridade (sic) sem esperar resposta". Quem precisou dar uma resposta foi a Casa da Moeda, que esqueceu a crase na expressão "à posteridade". Com a correção dessa falha, a segunda série das cédulas aperfeiçoou a homenagem.

## 1000 CRUZADOS

**Anverso:** Machado de Assis
**Reverso:** Rua Primeiro de Março (RJ)
**Dimensões:** 15,4cm x 7,4cm
**Órgão emissor:** Banco Central do Brasil
**Fabricante:** Casa da Moeda do Brasil
**Período de circulação:** 29/09/1987 a 31/10/1990

**Saiba mais na página 130**

## 5000 CRUZADOS

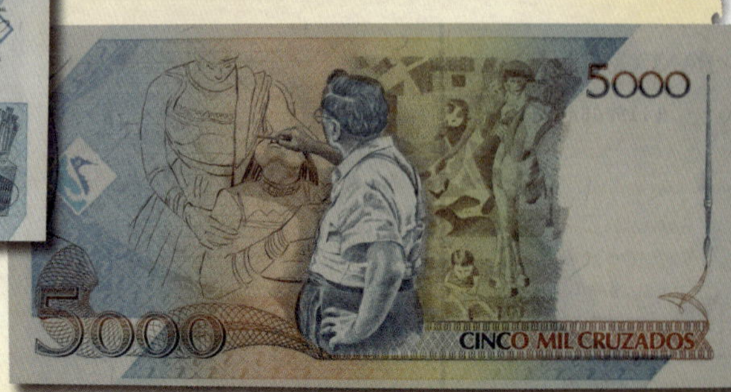


**Anverso:** Cândido Portinari
**Reverso:** Execução de painéis
**Dimensões:** 15,4cm x 7,4cm
**Órgão emissor:** Banco Central do Brasil
**Fabricante:** Casa da Moeda do Brasil
**Período de circulação:** 15/09/1988 a 31/12/1990

**Saiba mais na página 130**

**10.000 CRUZADOS**

**Anverso:** Carlos Chagas
**Reverso:** Pesquisa científica
**Dimensões:** 15,4cm x 7,4cm
**Órgão emissor:** Banco Central do Brasil
**Fabricante:** Casa da Moeda do Brasil
**Período de circulação:** 24/11/1988 a 31/12/1990

Saiba mais na página 134

Foram lançadas, em 1986, moedas regulares de 1, 5, 10, 20 e 50 centavos, assim como de 1 e 5 cruzados. O brasão da República estava representado em cada uma delas. No ano de 1987, a última moeda da série — de 10 cruzados — entrou em vigor.

**1 CENTAVO**
**Anverso:** Armas Nacionais
**Reverso:** sem motivos temáticos
**Diâmetro:** 1,50cm
**Peso:** 1,60g
**Espessura:** 1,45mm
**Material:** aço inoxidável
**Órgão emissor:** Banco Central do Brasil
**Fabricante:** Casa da Moeda do Brasil
**Período de circulação:**
23/06/1986 a 15/01/1989
**Datas de cunhagem:** 1986, 87 e 88

Saiba mais na página 180

**5 CENTAVOS**
**Anverso:** Armas Nacionais
**Reverso:** sem motivos temáticos
**Diâmetro:** 1,60cm
**Peso:** 1,81g
**Espessura:** 1,45mm
**Material:** aço inoxidável
**Órgão emissor:** Banco Central do Brasil
**Fabricante:** Casa da Moeda do Brasil
**Período de circulação:**
23/06/1986 a 15/01/1989
**Datas de cunhagem:** 1986, 87 e 88

**10 CENTAVOS**
**Anverso:** Armas Nacionais
**Reverso:** sem motivos temáticos
**Diâmetro:** 1,70cm
**Peso:** 2,05g
**Espessura:** 1,45mm
**Material:** aço inoxidável
**Órgão emissor:** Banco Central do Brasil
**Fabricante:** Casa da Moeda do Brasil
**Período de circulação:**
23/06/1986 a 15/01/1989
**Datas de cunhagem:** 1986, 87 e 88

**20 CENTAVOS**
**Anverso:** Armas Nacionais
**Reverso:** sem motivos temáticos
**Diâmetro:** 1,90cm
**Peso:** 2,55g
**Espessura:** 1,45mm
**Material:** aço inoxidável
**Órgão emissor:** Banco Central do Brasil
**Fabricante:** Casa da Moeda do Brasil
**Período de circulação:**
23/06/1986 a 15/01/1989
**Datas de cunhagem:** 1986, 87 e 88

**50 CENTAVOS**
**Anverso:** Armas Nacionais
**Reverso:** sem motivos temáticos
**Diâmetro:** 2,10cm
**Peso:** 3,65g
**Espessura:** 1,65mm
**Material:** aço inoxidável
**Órgão emissor:** Banco Central do Brasil
**Fabricante:** Casa da Moeda do Brasil
**Período de circulação:**
23/06/1986 a 15/01/1989
**Datas de cunhagem:** 1986, 87 e 88

**1 CRUZADO**
**Anverso:** Armas Nacionais
**Reverso:** sem motivos temáticos
**Diâmetro:** 2,30cm
**Peso:** 4,38g
**Espessura:** 1,65mm
**Material:** aço inoxidável
**Órgão emissor:** Banco Central do Brasil
**Fabricante:** Casa da Moeda do Brasil
**Período de circulação:**
23/06/1986 a 15/01/1989
**Datas de cunhagem:** 1986, 87 e 88

**5 CRUZADOS**
**Anverso:** Armas Nacionais
**Reverso:** sem motivos temáticos
**Diâmetro:** 2,50cm
**Peso:** 5,21g
**Espessura:** 1,65mm
**Material:** aço inoxidável
**Órgão emissor:** Banco Central do Brasil
**Fabricante:** Casa da Moeda do Brasil
**Período de circulação:**
23/06/1986 a 15/01/1989
**Datas de cunhagem:** 1986, 87 e 88

**10 CRUZADOS**
**Anverso:** Armas Nacionais
**Reverso:** sem motivos temáticos
**Diâmetro:** 2,70cm
**Peso:** 6,06g
**Espessura:** 1,65mm
**Material:** aço inoxidável
**Órgão emissor:** Banco Central do Brasil
**Fabricante:** Casa da Moeda do Brasil
**Período de circulação:**
29/09/1987 a 15/03/1990
**Datas de cunhagem:** 1987 e 88

Em 1988, ano do centenário da abolição da escravatura e da Constituição "Cidadã", o governo lançou três moedas de 100 cruzados, trazendo, cada qual, uma criança, uma mulher ou um homem negro. A Princesa Isabel ficou de fora da homenagem.

**100 CRUZADOS**
**Anverso:** Homem negro
**Reverso:** Bandeira do Brasil
**Diâmetro:** 3,10cm
**Peso:** 9,95g
**Espessura:** 1,90mm
**Material:** aço inoxidável
**Órgão emissor:** Banco Central do Brasil
**Fabricante:** Casa da Moeda do Brasil
**Período de circulação:**
03/10/1988 a 31/07/1993
**Datas de cunhagem:** 1988

**Saiba mais nas páginas 124 e 180**

**100 CRUZADOS**
**Anverso:** Mulher negra
**Reverso:** Bandeira do Brasil
**Diâmetro:** 3,10cm
**Peso:** 9,95g
**Espessura:** 1,90mm
**Material:** aço inoxidável
**Órgão emissor:** Banco Central do Brasil
**Fabricante:** Casa da Moeda do Brasil
**Período de circulação:**
03/10/1988 a 31/07/1993
**Datas de cunhagem:** 1988

**100 CRUZADOS**
**Anverso:** Criança negra
**Reverso:** Bandeira do Brasil
**Diâmetro:** 3,10cm
**Peso:** 9,95g
**Espessura:** 1,90mm
**Material:** aço inoxidável
**Órgão emissor:** Banco Central do Brasil
**Fabricante:** Casa da Moeda do Brasil
**Período de circulação:**
03/10/1988 a 31/07/1993
**Datas de cunhagem:** 1988

## O CRUZADO EM COLAPSO

O Plano Cruzado iniciou uma fase marcada por colapsos incrivelmente rápidos da moeda nacional. Bem-sucedido na transição política, Sarney, o primeiro presidente civil após o regime militar, fracassou na economia. O governo teve de lançar o cruzado novo em janeiro de 1989. No Brasil, era a primeira vez em que uma mesma gestão presidencial vivenciava três unidades monetárias (cruzeiro, cruzado e cruzado novo).

A vulnerabilidade do Plano Cruzado ficou visível poucos meses após sua implantação. O congelamento de preços e salários foi uma das medidas mais radicais. Houve um aumento surpreendente do poder aquisitivo e do consumo, o que redundou numa crise de abastecimento. Com muita demanda e pouca oferta, os fornecedores cobravam ágio — ou seja, renegociavam valores com os clientes, beneficiando aqueles que pagassem mais. Quando a inflação atingia pelo menos 20%, os salários deveriam ser automaticamente reajustados. Era o que se popularizou chamar de "gatilho salarial".

O estrago era inevitável, mas o governo evitou fazer mudanças bruscas antes das eleições, com medo de que seus candidatos sofressem reveses. O fantasma da inflação ressurgiu, e o Plano Cruzado naufragou. Em seu lugar, seis dias após as eleições, foi lançado o Plano Cruzado II, que punha fim ao congelamento de preços. Num único dia, as contas de telefone e luz sofreram reajuste de 120%, e o preço de bebidas e cigarros dobrou. A gasolina ficou 60% mais cara, e os automóveis, 80%. Em 20 de janeiro de 1987, Sarney decretou a moratória (não-pagamento da dívida externa), assombrando o mercado financeiro internacional. A euforia havia chegado ao fim.

# Muito além da Lei Áurea

A mulher que entrou para a História por ter assinado a Lei Áurea, em 13 de maio de 1888, foi também responsável por outras medidas importantes para o Brasil. Nas últimas décadas do século 19, Princesa Isabel esteve à frente da Lei do Ventre Livre, do primeiro recenseamento de todo o território nacional e da definição dos limites geográficos brasileiros.

Filha do imperador Dom Pedro II, ela assumiu interinamente o cargo de regente, substituindo o pai, durante três períodos — 1871-72, 1876-77 e 1887-88. E só chegou lá porque seus dois irmãos, Pedro e Afonso, haviam morrido, de modo que o imperador não tinha filho algum do sexo masculino para ocupar o trono.

A única princesa da História do Brasil não encontrou grandes dificuldades nas primeiras vezes em que esteve à frente do Segundo Reinado. Em 1887, porém, a situação política era delicada. De um lado, o movimento abolicionista ganhava força, lutando pela mão-de-obra livre. De outro, os emergentes barões do café se mantinham contrários à libertação dos escravos. Na pior das hipóteses, reivindicavam uma indenização pela perda abrupta de força de trabalho.

Além do abolicionismo, o País estava às voltas com articulações republicanas. O fim da mão-de-obra escrava era uma espécie de arrancada — um estopim — para o acirramento do confronto. A favor dos abolicionistas pesava o fato de que o Brasil, em 1888, era o único país onde se permitia a escravidão. O movimento ganhou o apoio de parlamentares e de parte da elite cafeeira, que já empregava imigrantes.

Em poucos meses, foram criadas as condições políticas para a assinatura da Lei Áurea, que extinguiu o regime de escravidão em todo o território nacional e valeu à Princesa Isabel o título de "A Redentora". Dom Pedro II, embora tenha postergado por anos a abolição, elogiou publicamente a decisão da filha.

Em 1889, com a proclamação da República, toda a família real foi obrigada a deixar o País. Junto de seu marido francês (o Conde d'Eu) e os três filhos, Isabel se exilou na França, onde faleceu em 1921. Seus restos mortais foram transferidos para o Rio de Janeiro no ano de 1953.

Princesa Isabel é uma das poucas mulheres estampadas no dinheiro nacional, mas foi ignorada, curiosamente, no dinheiro que evocava, em 1988, o centenário da abolição da escravatura. Nessa ocasião, foram cunhadas três moedas de 100 cruzados, valorizando "quem foi libertado", e não "quem libertou", em conformidade com os princípios da redemocratização.

De forma praticamente inédita, reconhecia-se, no dinheiro nacional, a emancipação dos dominados, em vez de se mitificar as proezas dos dominantes. Sem "a Redentora", cada moeda de 100 cruzados trazia um representante da raça negra — um homem, uma mulher ou uma criança —, talvez estereotipados, mas ainda assim independentes e serenos. Ainda no anverso, inscreveu-se a mais conhecida saudação de origem negra, "axé". O reverso apresentava uma estilização da bandeira nacional.

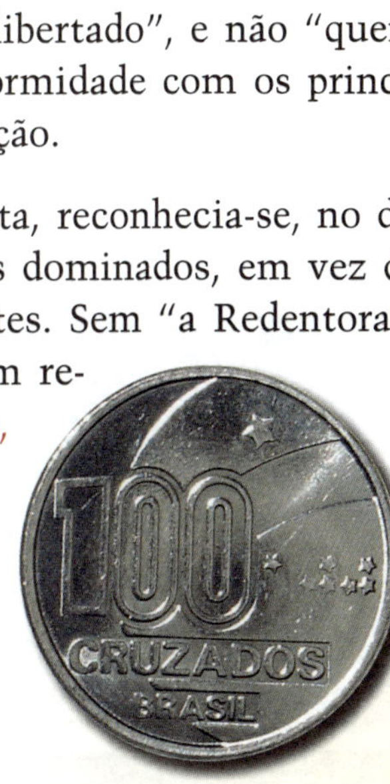

Nas cédulas, aparecem duas efígies da Princesa Isabel, lançadas durante períodos autoritários — o Estado Novo e o regime militar. A primeira, nas notas de 50 cruzeiros que circularam a partir de 1944 e apresentavam no reverso *Lei Áurea*, quadro de Cadmo Fausto de Souza. Um desses modelos foi reutilizado durante a vigência do cruzeiro novo, ao valor de 5 centavos. O quadro traz a efígie da liberdade segurando uma tábua da Lei Áurea, diante do Rio de Janeiro. Mais abaixo, representa-se a perda dos grilhões que, figurativamente, aprisionavam os escravos.

Uma outra efígie, agora da "Redentora", está na cédula de 200 cruzeiros, emitida inicialmente em 1981. Seguindo uma característica dessa família de notas, o semblante da Princesa Isabel está mais discreto, e a imagem faz com que ela lembre não uma princesa, mas uma pessoa comum. A abolição da escravatura, simbolizada num desenho igualmente prosaico, é o motivo do reverso. Trata-se da fotolitogravura *La Cuisine à la Roça*, feita pelo fotógrafo francês Victor Frond.

# A voz da águia

Advogado, jornalista, jurista, político, diplomata e ensaísta. Defensor ardoroso da abolição da escravatura e da República. Entusiasta da luta pela cidadania. Um dos membros fundadores da Academia Brasileira de Letras. A grandeza do baiano Rui Barbosa, particularmente entre o final do século 19 e início do 20, pode ser medida com esse breve resumo das atividades que exerceu e das lutas às quais aderiu.

Após a proclamação da República, sua participação como ministro da Fazenda e da Justiça, no Governo Provisório do Marechal Deodoro, foi decisiva para o rearranjo político necessário à época. É de sua autoria a redação final da primeira Constituição Republicana, promulgada em 1891. Pouco depois, no entanto, fracassou em sua política econômica, desencadeando a crise do "encilhamento", com uma escalada de inflação, especulação e quebradeira. Houve reveses também nas três vezes em que foi candidato à presidente da República (1905, 1909 e 1913).

O momento de maior relevância da vida de Rui Barbosa aconteceu no ano de 1907, em Haia, na Holanda, quando representou o Brasil na II Conferência da Paz. Diante de diplomatas de todo o mundo, o brasileiro não aceitou a indicação dos países mais poderosos para a formação de uma corte de justiça internacional e, com um discurso improvisado em francês, rebateu todos os argumentos contrários.

A eloqüência demonstrada na Holanda lhe rendeu fama internacional e o apelido de Águia de Haia. "Vi todas as nações do mundo reunidas e aprendi a não me envergonhar da minha. Medindo de perto os grandes e os fortes, achei-os menores e mais fracos do que a Justiça e o Direito", disse, já em terras brasileiras.

Os últimos anos de vida pública se deram em meio a seus graves problemas de saúde. A morte de Rui Barbosa, aos 73 anos, repercutiu em toda a sociedade brasileira. No sepultamento, recebeu honras de chefe de Estado.

Um dos brasileiros mais eminentes da História, Rui Barbosa passou décadas sem ser lembrado em cédulas brasileiras. É verdade que sua efígie estava cunhada na moeda de 20 centavos que entrou em circulação no ano de 1948. Mas a grande homenagem que lhe prestaram foi na nota de 10 mil cruzeiros, lançada em 1984 — a cédula passou a valer 10 cruzados após a reforma monetária de 1986.

Com a ajuda da Casa de Rui Barbosa, a nota é a primeira de uma família mais apurada, absolutamente transformadora e repleta de detalhes temáticos. Um dos avanços estéticos mais notáveis é a valorização do anverso, antes legado, exclusivamente, a efígies.

Desta vez, a imagem do "grande baiano" é ladeada pelas reproduções de sua mesa de trabalho e do portal da Casa de Rui Barbosa. Logo abaixo, há uma guarda ornamental alusiva às grades do local onde o jurista morou.

O reverso lembra o célebre discurso na II Conferência de Paz, em Haia. Ao fundo, sobressai um mapa-múndi, que simboliza a repercussão de sua mensagem e do evento.

# Os maiores artistas do Brasil

Em qualquer lista dos maiores realizadores das artes no Brasil, não podem faltar os nomes de Machado de Assis, Cândido Portinari e Villa-Lobos. Exímios, respectivamente, na literatura, nas artes plásticas e na música erudita, eles também foram artistas de vanguarda, criando obras ousadas, à altura da melhor produção de seus contemporâneos.

O crítico norte-americano Harold Bloom considera Machado um dos cem maiores gênios da literatura universal. Mulato, gago e epilético, o autor de *Memórias Póstumas de Brás Cubas* e *Dom Casmurro* é o escritor brasileiro de maior destaque. Não teve acesso à instrução formal, mas era autodidata. Na transição do Romantismo para o Realismo, escreveu obras-chave para o entendimento da sociedade brasileira. Contista, cronista, romancista, dramaturgo, poeta, jornalista e crítico, foi um dos idealizadores e o primeiro presidente da Academia Brasileira de Letras (ABL), fundada em 1897.

Cândido Portinari nasceu numa fazenda de café do interior paulista. Talento precoce, foi mandado ao Rio de Janeiro e a Paris para estudar artes plásticas. De volta ao Brasil, entregou-se à pintura com temas brasileiros e sociais, marcados pelas imagens da infância em Brodowski. Além das telas, deixou painéis em cidades como Rio de Janeiro, Belo Horizonte e Nova Iorque. Em 1953, começa a sofrer conseqüências da intoxicação pelas tintas, e os médicos pedem que se afaste da pintura. "Estou proibido de viver", reclamou o pintor. Por não conseguir deixar os pincéis, a intoxicação se agravou, e Portinari morreu aos 59 anos.

Heitor Villa-Lobos compôs mais de mil obras e mudou o conceito de nacionalismo musical. Incorporou a seu repertório clássico as serestas que ouvia pelas ruas do Rio e as modas caipiras do interior de Minas Gerais. Mais tarde, passou oito anos viajando pelo Brasil e recolhendo temas folclóricos que inspiraram sua obra. Seu prestígio internacional decorreu principalmente de suas viagens a Paris, onde apresentou seu trabalho. A partir da década de 1930, o compositor das *Bachianas* se engajou no ensino musical do estado de São Paulo.

Os grandes mestres das artes no Brasil foram, finalmente, representados no dinheiro. Em comum, Machado de Assis, Cândido Portinari e Villa-Lobos fortaleceram o sentimento nacional por meio de suas obras, elevando o País à primeira linha da produção artística mundial. A homenagem a eles correspondia a um dos eixos temáticos do cruzado, que era retratar as personalidades mais ilustres da cultura brasileira.

Por coincidência, tratava-se do período em que as cédulas começaram a atingir um elevado nível de sofisticação estética. Os três autores são apresentados com trechos de sua obra e locais que lhes serviram de inspiração. Outro detalhe curioso é que a obra exposta em cada nota não é a mais significativa de seu respectivo autor, o que ajuda ainda mais a disseminar a extensão de seus trabalhos.

A cédula de 500 cruzados apresenta, no anverso, a efígie de Villa-Lobos e um grupo de vitórias-régias, planta típica da região amazônica.

O reverso traz uma ilustração do maestro em atividade, regendo uma orquestra, tendo ao fundo uma floresta. Há uma alusão clara aos temas tipicamente nacionais abordados na obra do artista. Prova disso é que, sob as vitórias-régias do anverso, aparece um trecho da obra *Uirapuru*, de autoria de Villa-Lobos, que recorda uma das mais conhecidas lendas do folclore brasileiro.

Nas notas de 1.000 cruzados e 1 cruzado novo, Machado de Assis é retratado ao lado dos originais de *Esaú e Jacó*, uma de suas melhores obras realistas. Numa imagem ao fundo do manuscrito, aparece o emblema da Academia Brasileira de Letras, conhecida, por sinal, como Casa de Machado de Assis.

A rua Primeiro de Março, citada em diversos livros do escritor, é o motivo do reverso, com base numa foto de 1905.

Já Cândido Portinari foi presenteado com uma das mais belas cédulas do dinheiro nacional — a nota de 5.000 cruzados, que depois passou a valer 5 cruzados novos. A efígie do pintor é ladeada, no anverso, por trechos de dois painéis de sua autoria. No fundo de segurança, aparecem azulejos do painel do antigo Ministério da Educação, uma construção modernista, de que Portinari participou. Ao centro, a obra em evidência é *Tiradentes*, mural feito pelo pintor e tido como uma de suas melhores e mais emocionantes composições.

O reverso não fica a dever nada. Expõe Portinari pintando o painel *Baianas*, do Banco Central, e também revela parte do painel *Paz*.

Destacam-se, nessa nota, os ideais de esperança, fraternidade e integração — supervalorizados à época do cruzado, em virtude da redemocratização do Brasil. *Paz*, por exemplo, mostra duas crianças brincando e um casal a cavalo depois do matrimônio na roça.

O centenário do pintor, em 2003, foi tema da moeda comemorativa de 2 reais. Via-se a efígie de Portinari, no anverso, à frente do painel de sua autoria situado no Palácio Gustavo Capanema, Rio de Janeiro. O reverso traz um detalhe da série *Retirantes*, que utiliza elementos ligeiramente expressionistas para caracterizar sua crítica social.

# O Brasil na dianteira científica

Tanto Oswaldo Cruz quanto Carlos Chagas morreram relativamente cedo — aos 44 anos e aos 55, respectivamente. Viveram o bastante, no entanto, para que seus feitos alterassem para sempre os rumos das ciências médicas. Cruz, o mais velho, precursor da medicina experimental moderna no Brasil, destacou-se como sanitarista. Talento precoce, aos 15 anos era ajudante no Instituto de Higiene e já se dedicava à microbiologia. Tornou-se médico aos 20. Estudou por três anos em Paris, de onde voltou na iminência de surtos de febre amarela e peste bubônica no Brasil.

Assumiu a coordenação do recém-criado Instituto Soroterápico, depois Instituto Oswaldo Cruz. Sua tentativa de eliminar epidemias desencadeou, em 1904, a Revolta da Vacina — uma insurreição popular, no Rio de Janeiro, contra a obrigatoriedade da vacinação antivariólica. Mas Oswaldo Cruz conteve a febre amarela no Rio e em Belém, bem como a malária no Amazonas. Foi membro da Academia Brasileira de Letras e prefeito de Petrópolis.

Igualmente notável na luta contra as epidemias foi Carlos Chagas, que se doutorou em 1903 pela Faculdade de Medicina do Rio de Janeiro. Ajudou a combater a malária em Minas Gerais, São Paulo, Rio de Janeiro e Amazonas, além da gripe espanhola no Rio. Foi agraciado, em 1912, com o prêmio Schaudinn, concedido por um júri internacional ao autor do melhor trabalho de Microbiologia já realizado. Entre 1906 e 1917, passou de assistente a diretor do Instituto Oswaldo Cruz, que em 1970 foi ampliado e passou a se chamar Fundação Instituto Oswaldo Cruz (Fiocruz).

No maior feito de sua carreira, descobriu a doença transmitida pelo percevejo (barbeiro). Chamou ao protozoário causador da enfermidade de Trypanossoma cruzi, em homenagem a Oswaldo Cruz. A moléstia, chamada de tripanossomíase, ficou mundialmente conhecida como Mal de Chagas. Seu descobridor criou e desenvolveu o ensino de patologia tropical.

Apesar de ser um país subdesenvolvido, o Brasil se destaca, há mais de um século, por sua contribuição à ciência e à tecnologia. Por conta disso, na década de 1980, Oswaldo Cruz e Carlos Chagas, dois pesquisadores de ponta expoentes da produção nacional, receberam homenagem no dinheiro. Na cédula de 50 mil cruzeiros — lançada em 1984 e convertida três anos depois em 50 cruzados —, um microscópio aparece à esquerda do efígie de Oswaldo Cruz. Uma série de provetas é disposta verticalmente ao lado da marca d'água.

No trecho à direita do retrato e também no reverso, mostra-se o Pavilhão Mourisco, sede da Fiocruz.

A efígie de Carlos Chagas, nas notas de 10 mil cruzados e de 10 cruzados novos, é baseada numa foto de 1931, quando ele tinha 42 anos. Os motivos se referem, invariavelmente, à descoberta da tripanossomíase, ou Mal de Chagas.

A imagem de fundo no anverso é a parede de uma casa de pau-a-pique, construção que, por sua precariedade, facilita a transmissão da doença. Junto à efígie, é ilustrado, de um lado, o ciclo evolutivo do *Trypanossoma cruzi* (agente etiológico da moléstia) e, de outro lado, uma decoração do extinto Hospital de Lassance, onde Carlos Chagas alcançou projeção.

O reverso, ambientado num laboratório, traz o cientista em ação, ainda jovem, observando um microscópio.

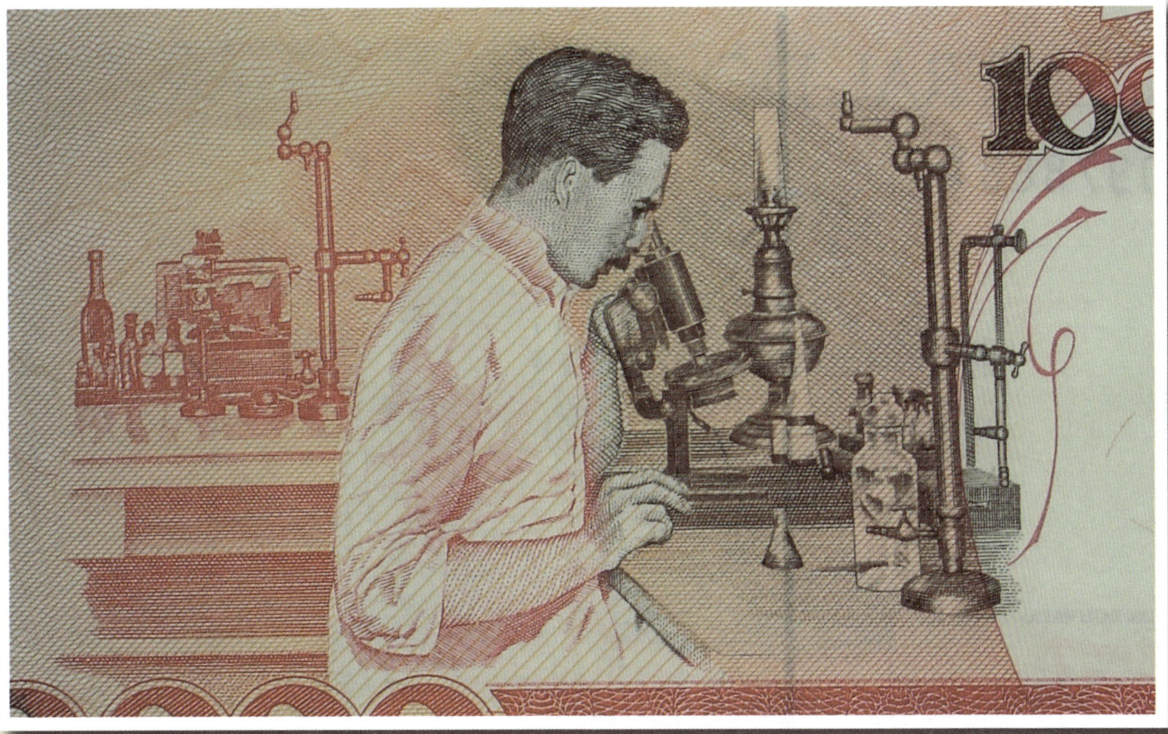

Capítulo 5

# Cruzado Novo

# NCz$

# Novo nome, velhos problemas

**CRUZADO NOVO**
**Período**
16/01/1989 a 15/03/1990
(1 ano e 2 meses)
**Inflação do período**
4.903,66%
**Salário mínimo em 01/01/1989**
NCz$ 63,90
**Salário mínimo em 01/03/1990**
NCz$ 3.674,06

Em menos de três anos, o cruzado fracassou, contaminado pela hiperinflação. O congelamento dos preços, iniciado em 1986, aumentou as expectativas em torno da nova moeda. Mas a euforia se tornou uma frustração, e novamente o dinheiro brasileiro estava enfraquecido. Ao menos se esperava que a experiência do Plano Cruzado ajudasse a prevenir desacertos e imperfeições no Plano Verão, que lançou, em 16 de janeiro de 1989, o cruzado novo. Na prática, o novo padrão monetário viveu — ou melhor, sobreviveu — por apenas 14 meses.

A própria criação do cruzado novo foi atípica, por seu caráter emergencial. Em vez de lei ou decreto, a moeda lançou moda ao ser instituída por uma medida provisória — a MP 32, de 15 de janeiro de 1989. No último dia daquele mês, foi que a medida se converteu na lei 7.730. A isso se somou a resolução 1.565. Como de praxe, a divisão em centavos foi mantida, e um cruzado novo tinha o valor de mil cruzados. O governo voltou a congelar os preços e extinguiu a correção monetária. Mas a crise continuou.

O Brasil ainda permanecia estagnado, sofrendo com a recessão e os surtos inflacionários. O debate sobre a privatização das estatais começou a ganhar força. Em todo caso, no fim de 1989, o Brasil elegeria mais um presidente, Fernando Collor de Mello. Meses depois, a implantação do nefasto Plano Collor ofuscou a brevidade e o fracasso do Plano Verão. A moeda brasileira seguia em frangalhos.

Desde o final de 1988, estava a caminho uma família de cédulas e moedas, que pôde ser implantada sob o novo padrão monetário. Foi o caso das moedas de 1, 5, 10 e 50 centavos, preparadas para o cruzado, mas integradas ao meio circulante do cruzado novo. O centenário da proclamação da República foi tema das moedas de 1 e 200 cruzados novos — mas esta última teve circulação restrita.

**1 CENTAVO**
**Anverso:** Boiadeiro
**Reverso:** Bandeira do Brasil
**Diâmetro:** 1,65cm
**Peso:** 2,01g
**Espessura:** 1,20mm
**Material:** aço inoxidável
**Órgão emissor:** Banco Central do Brasil
**Fabricante:** Casa da Moeda do Brasil
**Período de circulação:**
28/04/1989 a 31/07/1993
**Datas de cunhagem:** 1989 e 90

**5 CENTAVOS**
**Anverso:** Jangadeiro
**Reverso:** Bandeira do Brasil
**Diâmetro:** 1,75cm
**Peso:** 2,26g
**Espessura:** 1,20mm
**Material:** aço inoxidável
**Órgão emissor:** Banco Central do Brasil
**Fabricante:** Casa da Moeda do Brasil
**Período de circulação:**
28/04/1989 a 31/07/1993
**Datas de cunhagem:** 1989 e 90

Saiba mais nas páginas 154 e 180

**1 CRUZADO NOVO**
**Anverso:** Centenário da República
**Reverso:** Símbolos nacionais
**Diâmetro:** 3,10cm
**Peso:** 9,95g
**Espessura:** 1,70mm
**Material:** aço inoxidável
**Órgão emissor:** Banco Central do Brasil
**Fabricante:** Casa da Moeda do Brasil
**Período de circulação:**
08/11/1989 a 31/07/1993
**Datas de cunhagem:** 1989

Saiba mais na página 180

**10 CENTAVOS**
**Anverso:** Garimpeiro
**Reverso:** Bandeira do Brasil
**Diâmetro:** 1,85cm
**Peso:** 2,54g
**Espessura:** 1,20mm
**Material:** aço inoxidável
**Órgão emissor:** Banco Central do Brasil
**Fabricante:** Casa da Moeda do Brasil
**Período de circulação:**
28/04/1989 a 31/07/1993
**Datas de cunhagem:** 1989 e 90

**50 CENTAVOS**
**Anverso:** Rendeira
**Reverso:** Bandeira do Brasil
**Diâmetro:** 1,95cm
**Peso:** 2,83g
**Espessura:** 1,20mm
**Material:** aço inoxidável
**Órgão emissor:** Banco Central do Brasil
**Fabricante:** Casa da Moeda do Brasil
**Período de circulação:**
28/04/1989 a 31/07/1993
**Datas de cunhagem:** 1989 e 90

Saiba mais nas páginas 154 e 180

**200 CRUZADOS NOVOS**
**Anverso:** Centenário da República
**Reverso:** Símbolos nacionais
**Diâmetro:** 3,10cm
**Peso:** 13,47g
**Espessura:** 1,70mm
**Material:** prata
**Órgão emissor:** Banco Central do Brasil
**Fabricante:** Casa da Moeda do Brasil
**Período de circulação:**
15/12/1989 a 31/07/1993
**Datas de cunhagem:** 1989

Saiba mais na página 180

Do padrão anterior se herdaram as cédulas de 1, 5 e 10 cruzados novos. Um modelo inédito da nota de 50 mil cruzados, praticamente pronto, foi readaptado à nova moeda, sendo lançado ao valor de 50 cruzados novos. As cédulas, a partir de então, ficaram menores, tanto de largura quanto de comprimento — uma característica vigente até hoje. Ainda em 1989, a nota de 100 cruzados novos entrou em circulação.

O maior destaque das cédulas foi mesmo a sofisticação estética, a exemplo da nota de 500 cruzados novos, com sua belíssima homenagem a Ruschi. Do cruzado ao cruzeiro real, passando por uma terceira experiência do cruzeiro, o dinheiro brasileiro ganhou um inegável valor artístico, com cores mais definidas e motivos detalhados.

## 1 CRUZADO NOVO

**Anverso:** Machado de Assis
**Reverso:** Rua Primeiro de Março, Rio de Janeiro
**Dimensões:** 15,4cm x 7,4cm
**Órgão emissor:** Banco Central do Brasil
**Fabricante:** Casa da Moeda do Brasil
**Período de circulação:** 16/01/1989 a 31/10/1990
**Obs.:** O reverso é igual ao da nota de 1.000 cruzados (pág. 120)

Saiba mais na página 130

## 5 CRUZADOS NOVOS

**Anverso:** Cândido Portinari
**Reverso:** Execução de painéis
**Dimensões:** 15,4cm x 7,4cm
**Órgão emissor:** Banco Central do Brasil
**Fabricante:** Casa da Moeda do Brasil
**Período de circulação:** 16/01/1989 a 31/12/1990
**Obs.:** O reverso é igual ao da nota de 5.000 cruzados (pág. 120)

Saiba mais na página 130

## 10 CRUZADOS NOVOS

**Anverso:** Carlos Chagas
**Reverso:** Pesquisa científica
**Dimensões:** 15,4cm x 7,4cm
**Órgão emissor:** Banco Central do Brasil
**Fabricante:** Casa da Moeda do Brasil
**Período de circulação:** 16/01/1989 a 31/12/1990
**Obs.:** O reverso é igual ao da nota de 10.000 cruzados (pág. 121)

Saiba mais na página 134

## 50 CRUZADOS NOVOS

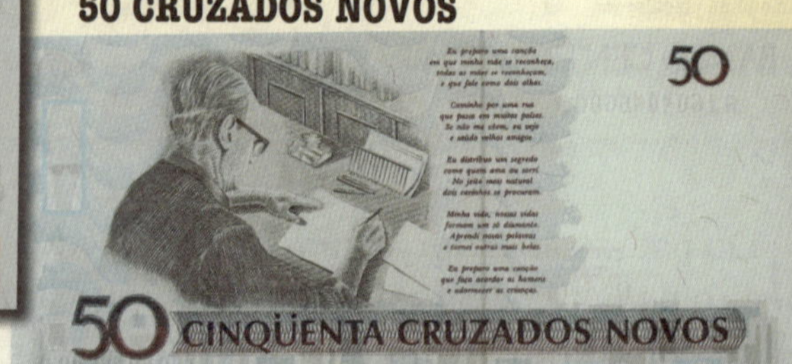


**Anverso:** Carlos Drummond de Andrade
**Reverso:** Drummond e poema
**Dimensões:** 14,0cm x 6,5cm
**Órgão emissor:** Banco Central do Brasil
**Fabricante:** Casa da Moeda do Brasil
**Período de circulação:** 17/03/1989 a 30/09/1992

Saiba mais na página 148

### Sob medida

As dimensões inéditas desta cédula de 50 cruzados novos valorizaram um formato econômico, mais adequado à carteira dos brasileiros. Além de reduzir custos, a mudança vingou porque caiu no gosto popular, persistindo, até hoje, nas notas do padrão real.

## 100 CRUZADOS NOVOS

**Anverso:** Cecília Meireles
**Reverso:** Universo da criança
**Dimensões:** 14,0cm x 6,5cm
**Órgão emissor:** Banco Central do Brasil
**Fabricantes:** Casa da Moeda do Brasil
**Período de circulação:** 19/05/1989 a 30/09/1992

Saiba mais na página 148

## 200 CRUZADOS NOVOS

**Anverso:** Efígie da República
**Reverso:** Orgulho nacional
**Dimensões:** 14,0cm x 6,5cm
**Órgão emissor:** Banco Central do Brasil
**Fabricante:** Casa da Moeda do Brasil
**Período de circulação:** 08/11/1989 a 15/09/1994

Saiba mais na página 180

## 500 CRUZADOS NOVOS

**Anverso:** Augusto Ruschi
**Reverso:** Ruschi, orquídeas e beija-flor
**Dimensões:** 14,0cm x 6,5cm
**Órgão emissor:** Banco Central do Brasil
**Fabricantes:** Casa da Moeda do Brasil
**Período de circulação:** 08/02/1990 a 15/09/1994

Saiba mais nas páginas 152 e 234

# Um monarquista pela República

Marechal Deodoro era mais partidário de Dom Pedro II do que exatamente do Segundo Reinado. Com a disseminação do republicanismo no Exército, participou de reuniões sobre a importância dos valores republicanos e modernos para o Brasil, em oposição às práticas imperiais. Ao proclamar o novo sistema de governo, manteve-se fiel a suas origens militares — mas procurou patrocinar o exílio da família imperial.

O vínculo com o Exército se iniciou aos 16 anos, quando Deodoro da Fonseca entrou para a Escola Militar. A partir de então, serviu às Forças Armadas em vários estados, chegando a lutar contra a Revolução Praieira (1848-1849). Durante a década de 1860, no Uruguai, combateu na Questão Platina. Lutou também na Guerra do Paraguai, sob o comando de Duque de Caxias.

Ao final do conflito, Deodoro ocupava o posto de coronel. Em 1871, chegou a brigadeiro e, em 1884, tornou-se marechal. Três anos depois, fundou o Clube Militar, do qual foi o primeiro presidente. Nesse intervalo, uma série de conflitos — a chamada Questão Militar — dividiu ferrenhamente o governo imperial e o Exército. Em janeiro de 1889, Deodoro já exercia grande influência entre seus pares.

Para afastar o marechal do Rio de Janeiro, o governo o indicou para comandar o Exército em Mato Grosso. Mas, em setembro, para governar a província, foi nomeado um coronel — cargo inferior ao de Deodoro. O fato causou revolta nas Forças Armadas e resultou no retorno do Marechal para o Rio de Janeiro. Uma vez na capital, ele se aliou a lideranças republicanas, mas declarou-se adepto da monarquia. "Se o Brasil está mal com ela, pior ficará sem ela", afirmou, a 63 dias da proclamação da República.

Apesar de suas convicções, o descontentamento de lideranças militares e de parte da elite cafeeira em relação a Dom Pedro II fez com que o marechal decretasse o fim do regime imperial. Deodoro se tornou o primeiro presidente do novo regime. De cara, anunciou uma pensão à família real. Permaneceu à frente do Governo Provisório entre 1889 e 1891. Neste último ano, foi eleito pelo Congresso para o primeiro Governo Constitucional do Brasil.

Como presidente, o grande militar se revelou um péssimo político, sem capacidade de articulação e com ímpeto ditatorial. Não alterou tais características nem quando seu ministério inteiro pôs os cargos à disposição. Antes, Deodoro da Fonseca havia fechado o Congresso e tentado dar um golpe, que fracassou. Em meio a uma grande crise, renunciou em 23 de novembro de 1891, dando lugar a Floriano Peixoto. Morreu menos de um ano depois.

O modo como se estampa Marechal Deodoro no dinheiro nacional corresponde, quase sempre, às características gerais da família de cédulas em vigor. Em outras palavras, o primeiro presidente do Brasil já foi representado de muitas formas, mas sempre em consonância com o período dessa representação. E mais: o reverso dessas notas costuma apresentar obras de arte figurativas e imponentes.

É o que acontece na cédula de 20 cruzeiros, adaptada da nota de 20 mil réis. A efígie de Deodoro faz jus à reputação da patente, e o marechal é estampado de maneira austera.

Na alegoria da proclamação da República, presente no reverso, a personagem republicana, absorta, desvia o olhar no sentido do horizonte, em busca de decisões ponderadas.

Em outra nota com anverso semelhante, lançada em 1944 e reeditada posteriormente, a proclamação é o motivo do reverso, agora representada por um quadro de Cadmo Fausto de Souza. Aqui, a personagem alegórica se destaca pela amenidade, mas apresenta um equilíbrio formal coerente com o anverso. Situa-se entre um sol (símbolo da "aurora" republicana) e a Constituição brasileira, à qual se acrescentaram estrelas da constelação cruzeiro do sul.

A cédula de 50 cruzeiros, lançada em 1970, traz na efígie um Deodoro da Fonseca menos ostentoso, com mais destaque para seu semblante. É uma das representações do marechal em que menos há adornos e premiações no uniforme. A suavização de sua imagem se reforça no reverso, onde se trocou a alegoria da República — uma ilustração aberta a interpretações — pelo quadro *Embarque do Café*, de Cândido Portinari.

A elite cafeeira se somou ao Exército na luta por um novo regime. Com o advento da República, o mercado para o café se expandiu, dinamizando a economia brasileira. Ao ser lançada em meio ao regime militar brasileiro, a nota de 50 cruzeiros evocou a promessa de mudança liderada pelo Exército — algo que teria ocorrido em 1889 (com Marechal Deodoro) e estaria acontecendo durante a ditadura (em especial do governo Médici). Não havia mais espaço para alegorias abertas e possivelmente inacessíveis à maioria da população. Daí a caracterização mais explícita, sob um verniz visionário, de Deodoro da Fonseca.

A última homenagem ao marechal em cédulas é de 1981 e vai no mesmo sentido da anterior. Quem está no poder é João Baptista Figueiredo, outro general-presidente, muito mais flexível do que Médici, mas nunca despreocupado com a imagem dos militares. Na nota de 500 cruzeiros, a flexibilização em torno da imagem de Deodoro da Fonseca atinge o auge. Os distintivos do uniforme estão ofuscados, à beira da invisibilidade.

A cédula parece retratar um elegante e sofisticado membro da nobreza imperial, com bigodes e barbas vistosos e um olhar indefinido. É sua representação mais espontânea e modesta — talvez suavizando a imagem do Exército, após anos de uma funesta ditadura no Brasil. Essa lógica se aplica a outras duas notas lançadas no período com personalidades de formação militar — Duque de Caxias e Castello Branco. Ainda sobre a cédula de 500 cruzeiros, cabe ressaltar os debates e as idéias que forjaram a Constituição de 1891, motivo central do reverso. A imagem foi extraída do quadro *Compromisso Constitucional*, de Francisco Aurélio de Figueiredo e Melo.

Figura freqüente no dinheiro nacional, Marechal Deodoro também aparece na moeda de 25 centavos de real, que circula desde 1998. A homenagem, naturalmente, destaca o protagonista de um momento histórico. De todo modo, cunhou-se um busto do marechal à frente do brasão de armas da República.

# Modernos, mas pouco modernistas

Além de serem a maior poetisa e o maior poeta brasileiros, Cecília Meireles e Carlos Drummond de Andrade exerceram os ofícios de professor, jornalista, cronista e funcionário público. Ao longo do Modernismo, contribuíram, cada um a seu estilo, para a difusão da poesia no Brasil. Mas, a rigor, não são protótipos fiéis de nenhuma escola ou tendência literária, embora a crítica os insira na segunda geração do movimento (1930 a 1945).

Filho de fazendeiros falidos, Drummond passou praticamente toda a carreira como funcionário público, dedicando-se paralelamente à literatura. Chegou a graduar-se como farmacêutico para atender ao desejo da família, que lhe exigia um diploma de ensino superior. Nunca exerceu a profissão, para "preservar a saúde dos outros". Seu nome foi fortemente associado ao Modernismo em 1928, com a publicação do poema *No meio do caminho*. Entre compilações de crônicas e de poesias, teve mais de 40 livros publicados.

O escritor mineiro se referiu a Cecília Meireles como "uma pessoa absolutamente independente de qualquer geração, [que] vivia na sua torre, era uma deusa, um mito". Cecília não se limitou aos poemas. Entre 1925 e 1939, escreveu também livros para crianças. A Academia Brasileira de Letras lhe concedeu, em 1939, o Prêmio de Poesia pelo livro Viagem, e também lhe prestou uma homenagem póstuma — o Prêmio Machado de Assis. A poetisa deixou 39 livros, a maior parte deles literários. Recebeu títulos e honrarias em diversos países, como a Índia.

Ao homenagear Drummond e Cecília em 1989, o cruzado novo seguia os passos do cruzado, escolhendo temas ligados à cultura brasileira e à valorização do sentimento nacional. A nota de 50 traz um Drummond entre a languidez e a indiferença — uma imagem válida para várias etapas de sua obra. As "pedras" de Itabira, que se tornaram conhecidas com *No Meio do Caminho*, são representadas no anverso, onde também se destacam a vista da cidade e o manuscrito do poema *Prece do Mineiro do Rio*.

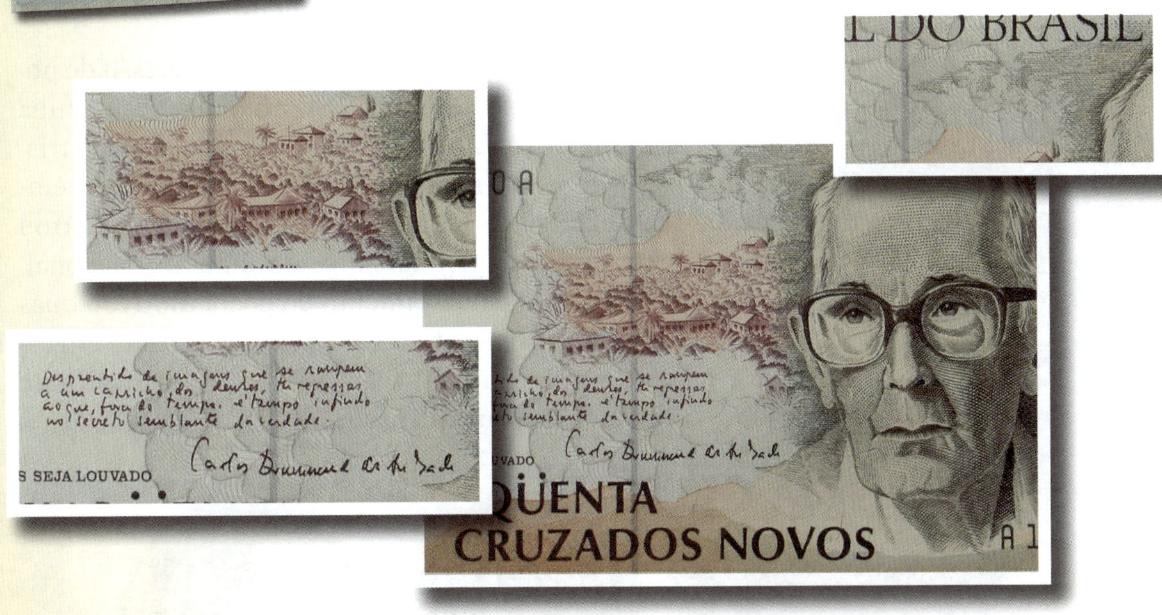


Drummond, o mais famoso escritor de Minas Gerais, morou boa parte de sua vida e publicou a maioria das composições no Rio de Janeiro. As lembranças da terra natal, entretanto, nunca faltaram na produção do artista, da qual a poesia em questão é ilustrativa.

O registro coincidente da cédula traz uma autocaricatura do poeta, que aparece também no reverso, retratado em pleno momento da composição.

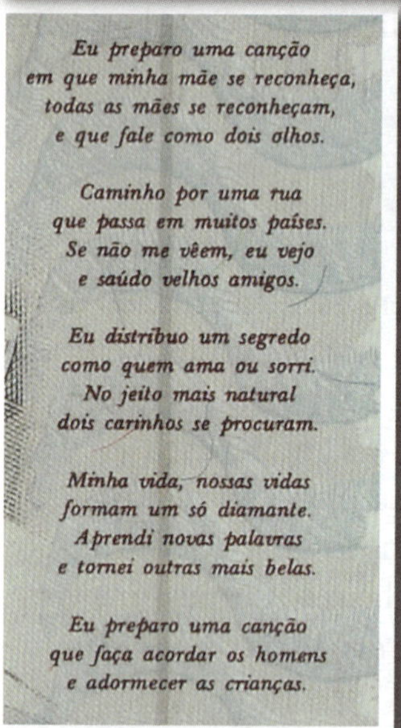


Ao lado, a *Canção Amiga*, verso a verso, em itálico. A intenção declarada de "acordar os homens e adormecer as crianças" leva em conta o desejo de conscientização e de amadurecimento — um anseio implícito do período de redemocratização. A gravura e o poema se sobrepõem a uma representação do calçamento de Copacabana, que reitera a relação entre Drummond e o Rio de Janeiro.

A melancólica morte do poeta corroborou a decisão de homenageá-lo. Em 5 de agosto de 1987, Drummond perdeu a filha única, Maria Julieta, vitima de câncer. Doze dias depois, triste e recluso, veio a morrer também. Personalidades recém-falecidas, como Augusto Ruschi, Câmara Cascudo e Ayrton Senna, tornaram-se temas freqüentes do dinheiro nacional. Em 2002, o centenário de nascimento do poeta motivou duas moedas comemorativas, de 2 e 20 reais, que traziam efígies de Drummond, a cunhagem de sua autocaricatura e um bico de pena estilizado.

A homenagem a Cecília Meireles ocorreu após 25 anos de sua morte — e 70 de seu primeiro livro. Ela aparece na nota de 100 cruzados novos, em retrato que destaca seu rosto bem definido e sua beleza atípica. No anverso, sobre um desenho da própria Cecília e acima de sua assinatura, reproduzem-se os seguintes versos, manuscritos, de *Cânticos*: "Sê o que o ouvido nunca esquece / Repete-te para sempre / Em todos os corações / Em todos os mundos".

A flora e a fauna, assuntos recorrentes na obra da poetisa, também são representados. Uma ave pernalta é utilizada, por exemplo, no registro coincidente.

O reverso amplia as referências à carreira de Cecília, especialmente à sua atuação como educadora, escritora infantil e folclorista. As representações à direita foram extraídas de desenhos da própria poetisa. Já a imagem de uma criança lendo, num universo onírico e fantasioso, pode remeter ainda ao fato de que Cecília fundou, no Rio de Janeiro, a primeira biblioteca infantil do País.

As notas com Cecília Meireles e Carlos Drummond de Andrade foram reaproveitadas, a partir de 1990, pelo padrão cruzeiro. Os valores de face eram os mesmos, pois, de uma unidade monetária para outra, não houve corte de zeros.

# O patrono da ecologia brasileira

Em 1977, o governador do Espírito Santo determinou que uma fábrica de palmito enlatado fosse implantada na Reserva de Santa Lúcia. Quando fiscais do governo chegaram para fazer a topografia da região, foram expulsos por um cientista que trazia sua espingarda na mão. Era Augusto Ruschi, que já estudava e protegia a reserva capixaba havia mais de 40 anos.

Com a ampla cobertura jornalística que esse caso obteve, Ruschi ganhou notoriedade geral — mas já era respeitado, no meio científico, como o maior especialista em beija-flores do mundo. Também catalogou cerca de 50 orquídeas, e um gênero dessa planta, em sua homenagem, foi batizado de "Ruschia". A obra do naturalista capixaba é composta por mais de 400 trabalhos científicos e 22 livros, entre eles *Aves do Brasil*, com aproximadamente 2.700 espécies e subespécies catalogadas.

Além de várias reservas, Ruschi fundou o Museu de Biologia Prof. Mello Leitão e a Estação Biologia Marinha Ruschi, dois importantes centros de estudo, em funcionamento até hoje. Agrônomo, ecologista e advogado, fez 259 excursões científicas por vários países. É patrono da ecologia brasileira, dando nome ao mais importante prêmio da área — a Medalha Augusto Ruschi, da Academia Brasileira de Ciências.

A nota de 500 cruzados novos é histórica. Na ocasião de seu lançamento, em 1990, era a primeira cédula do dinheiro nacional a ter um tema ligado ao meio ambiente — assunto principal nos dias atuais. Ruschi aparecia no anverso em meio a alegorias da fauna e da flora. A seu lado, uma *Cattleya warneri*, nome científico da maior orquídea encontrada no Brasil.

A gravura do reverso traz Ruschi a contemplar orquídeas e, mais à esquerda, um beija-flor. A imagem de uma outra espécie de colibri serve para fazer o registro coincidente. Logo após seu lançamento, com a mudança de padrão monetário, a nota passou a valer 500 cruzeiros.

# Brasileiros e brasileiras

### BOIADEIRO, JANGADEIRO, GARIMPEIRO E RENDEIRA

Muitos costumes remontam e se ligam ao trabalho. O ofício constrói imagens, clichês, personagens característicos. É o caso do boiadeiro, figura típica de várias regiões do Brasil, mas comumente associada ao estado de Roraima. Também lhe chamam de vaqueiro, peão e mameluco. Símbolo dos mais elementares na pecuária, é ele quem "toca a boiada".

Dois outros personagens alegóricos (embora cada vez mais limitados pelo avanço tecnológico) são o jangadeiro e a rendeira. Eles se imortalizaram por conta da habilidade manual. O jangadeiro foi fundamental para o desenvolvimento da pesca no Brasil, principalmente no Nordeste. Não é a toa que a jangada figura no brasão de armas do estado do Ceará.

Da parte das rendeiras, o que se destaca é a qualidade de seu artesanato. O ofício foi trazido ao Brasil pelos colonizadores portugueses e também se desenvolveu com mais vigor no Ceará. Foi nesse estado que despontou a figura exemplar da rendeira, sentada na calçada, entrelaçando os fios com notável destreza.

Já na região Sudeste, o garimpeiro foi um dos personagens brasileiros de maior importância, sobretudo no "ciclo do ouro", em Minas Gerais. Independentemente das adversas condições de trabalho, sempre revelou ousadia e persistência, motivado pela promessa de enriquecimento rápido. Com as incalculáveis toneladas de ouro que extraíram, o Brasil se tornou um grande produtor mundial do metal.

A emancipação do povo brasileiro na década de 1980 foi marcada por eventos como as Diretas-Já, a redemocratização e a Constituição "cidadã". O dinheiro deu contribuições numerosas, cedendo espaço aos heróis anônimos do País, aos excluídos e esquecidos, aos autênticos brasileiros e brasileiras. As homenagens mais coletivas ocorreram no ano de 1989, em quatro moedas do cruzado novo.

No reverso de cada uma delas, a bandeira do Brasil aparecia parcialmente, estilizada, onde uma estrela evocava a capital federal. No anverso, as moedas de 1, 5, 10 e 50 centavos tinham como motivos, respectivamente, o boiadeiro, o jangadeiro, o garimpeiro e a rendeira — todos em ação.

Na representação do vaqueiro, ele aparece montado sobre um cavalo. A moeda traz, ainda, dois berrantes (tipos de buzina feita com chifre de boi), com os quais se arrebanha o gado.

O jangadeiro é retratado juntamente com a embarcação (jangada) e o fruto de seu trabalho (peixes). Símbolos gregos de movimentos marítimos e aéreos completam esse anverso.

A homenagem ao garimpeiro inclui dois instrumentos de sua necessidade (a bateia e a picareta), além de três diamantes.

Por fim, mostra-se a rendeira utilizando uma peça de madeira chamada bilro, usada na confecção de rendas de almofada.

Capítulo 6

# Cruzeiro Cr$

# Uma aberração chamada Plano Collor

**CRUZEIRO**
**Período**
16/03/1990 a 31/07/1993
(3 anos e 5 meses)
**Inflação do período**
257.370,41%
**Salário mínimo em 01/04/1990**
Cr$ 3.674,06
**Salário mínimo em 01/07/1993**
Cr$ 4.639.800,00

Quinze de março de 1990 tinha tudo para ser a data histórica da Era Collor. Nesse dia, chegava ao fim o impopular governo de José Sarney (1985-1990), marcado sobretudo pela estagnação do PIB e pela hiperinflação. Em seu lugar, assumia Fernando Collor de Mello, um político meteórico, desconhecido até meados da década de 1980, mas surpreendentemente vitorioso nas eleições presidenciais de 1989. Era o primeiro presidente civil eleito desde Jânio Quadros, em 1961. Era o "caçador de marajás", o símbolo da modernidade, a esperança de um Brasil renovado. Não por acaso, sua posse foi vista e saudada no País inteiro. Parecia ser um momento de ruptura, no caminho do crescimento econômico e do desenvolvimento social.

Então chegou o dia seguinte, que se tornou muito mais histórico e inesquecível do que a data da posse. Na manhãzinha daquele 16 de março, Collor anunciou o Plano Brasil Novo, ou Plano Collor — um pacote de 17 medidas provisórias, o maior choque econômico da História do Brasil. Segundo o presidente, tratava-se de seu "compromisso de não pactuar com a injustiça desde o começo". O problema era que a própria equipe ministerial não conseguia explicar detalhes do plano. Sabia-se que a moeda brasileira voltaria a se chamar cruzeiro, em substituição ao cruzado novo. A nova unidade monetária tinha como base legal a medida provisória 168, de 15 de março de 1990, que se transformou na lei 8.024, de 12 de abril daquele ano. Não se tratava exatamente de uma reforma no sistema monetário. Sem corte de zeros, o cruzeiro correspondia, em valor, ao cruzado novo e mantinha o centavo como unidade divisionária.

Mas, de acordo com Collor, não bastava congelar preços e salários. Seu plano procurava reduzir radicalmente as explosões consumistas, que vinham destruindo cada tentativa de estabilização. Se os brasileiros tivessem liquidez (isto é, ampla condição de fazer investimentos a curto prazo), a estabilidade fracassaria. Para evitar esse risco, o governo bloqueou todos os depósitos superiores a 50 mil cruzados novos. Tudo o que excedesse esse valor seria retido no Banco Central. Esse "choque de liquidez" atingiu em cheio as poupanças e as contas correntes dos brasileiros. Na área fiscal, tributos e impostos tiveram aumento. Foi o caso dos ativos não-financeiros — ações, ouro, etc. —, de que se cobrou 15% de IOF (Imposto sobre Operações Financeiras). Previu-se a privatização de 11 empresas estatais, num ensaio para a escalada neoliberal que durou além dos anos 90.

Em um dia — o primeiro de seu governo —, Collor aniquilou a economia. Mais uma vez a moeda manteve a força apenas em médio prazo. Pior: o Brasil enfrentou uma recessão sem precedentes. O PIB, que havia subido 3,16% em 1989, encolheu drásticos 4,35% em 1990. O desemprego disparou, e o fantasma da inflação voltou a atacar. Embora tenha havido diversas catástrofes no governo Collor, a marca arrasadoramente inesquecível do período foi mesmo a corrupção institucionalizada pelo mais jovem presidente da História do Brasil. A descoberta desses esquemas, comandados pelo amigo e tesoureiro de campanha, Paulo César Farias, o PC, abalou a credibilidade do presidente. Novas denúncias pipocaram na mídia, com tal intensidade que a população brasileira saiu às ruas para exigir o impeachment do presidente. A Câmara Federal aprovou o impedimento de Collor, que renunciou às vésperas da votação no Senado. Seus direitos políticos foram cassados por oito anos.

Diante de tudo isso, é um consolo ver que, em seu governo, o dinheiro brasileiro continuou se revelando artisticamente, em notas que aliavam criatividade, técnica e informação. Ainda assim, nas três vezes em que a unidade monetária nacional se chamou cruzeiro — apenas cruzeiro —, nenhuma foi tão desonrosa e fugaz quanto no governo Collor. Durou três anos e meio, não conteve a inflação e chegou a ter cédula de 500 mil. O fracasso da política econômica era um símbolo da ruína imposta ao País por um presidente aventureiro.

Por conta disso, o meio circulante mudou constantemente. Do cruzado novo vieram quatro notas, que receberam carimbo com a indicação de seus respectivos valores em cruzeiros. Três dessas cédulas foram efetivamente reeditadas, alterando-se, já na impressão, o nome da unidade monetária.

**50 CRUZEIROS**

**Anverso:** Carlos Drummond de Andrade
**Reverso:** Drummond e poema
**Dimensões:** 14,0cm x 6,5cm
**Órgão emissor:** Banco Central do Brasil
**Fabricante:** Casa da Moeda do Brasil
**Período de circulação:** 15/04/1990 a 30/09/1992
**Obs.:** O reverso é igual ao da nota de 50 cruzados novos (pág. 142)

**Saiba mais na página 148**

## 100 CRUZEIROS

**Anverso:** Cecília Meireles
**Reverso:** Universo da criança
**Dimensões:** 14,0cm x 6,5cm
**Órgão emissor:** Banco Central do Brasil
**Fabricante:** Casa da Moeda do Brasil
**Período de circulação:** 15/04/1990 a 30/09/1992
**Obs.:** O reverso é igual ao da nota de 100 cruzados novos (pág. 143)

Saiba mais na página 148

## 200 CRUZEIROS

**Anverso:** Efígie da República
**Reverso:** Orgulho nacional
**Dimensões:** 14,0cm x 6,5cm
**Órgão emissor:** Banco Central do Brasil
**Fabricante:** Casa da Moeda do Brasil
**Período de circulação:** 15/04/1990 a 15/09/1994
**Obs.:** O reverso é igual ao da nota de 200 cruzados novos (pág. 143)

Saiba mais na página 180

## 500 CRUZEIROS

**Anverso:** Augusto Ruschi
**Reverso:** Ruschi, orquídeas e beija-flor
**Dimensões:** 14,0cm x 6,5cm
**Órgão emissor:** Banco Central do Brasil
**Fabricante:** Casa da Moeda do Brasil
**Período de circulação:** 15/04/1990 a 15/09/1994
**Obs.:** O reverso é igual ao da nota de 500 cruzados novos (pág. 143)

Saiba mais nas páginas 152 e 234

## 100 CRUZEIROS

**Anverso:** Cecília Meireles
**Reverso:** Universo da criança
**Dimensões:** 14,0cm x 6,5cm
**Órgão emissor:** Banco Central do Brasil
**Fabricante:** Casa da Moeda do Brasil
**Período de circulação:** 03/12/1990 a 30/09/1992

Saiba mais na página 148

## 200 CRUZEIROS

**Anverso:** Efígie da República
**Reverso:** Orgulho nacional
**Dimensões:** 14,0cm x 6,5cm
**Órgão emissor:** Banco Central do Brasil
**Fabricante:** Casa da Moeda do Brasil
**Período de circulação:** 03/12/1990 a 15/09/1994

**Saiba mais na página 180**

## 500 CRUZEIROS

**Anverso:** Augusto Ruschi
**Reverso:** Ruschi, orquídeas e beija-flor
**Dimensões:** 14,0cm x 6,5cm
**Órgão emissor:** Banco Central do Brasil
**Fabricante:** Casa da Moeda do Brasil
**Período de circulação:** 03/12/1990 a 15/09/1994

**Saiba mais nas páginas 152 e 234**

A despeito da alteração no nome da moeda, mantiveram-se as bases para a escolha de temas. As notas lançadas durante esse padrão cruzeiro homenagearam personalidades à altura de Carlos Gomes, Vital Brasil e Mário de Andrade, destacando permanentemente traços da cultura nacional e seus grandes expoentes.

## 1.000 CRUZEIROS

**Anverso:** Cândido Rondon
**Reverso:** Índios carajás
**Dimensões:** 14,0cm x 6,5cm
**Órgão emissor:** Banco Central do Brasil
**Fabricante:** Casa da Moeda do Brasil
**Período de circulação:** 31/05/1990 a 15/09/1994

**Saiba mais na página 172**

## 5.000 CRUZEIROS

**Anverso:** Efígie da República
**Reverso:** Armas da República
**Dimensões:** 14,0cm x 6,5cm
**Órgão emissor:** Banco Central do Brasil
**Fabricante:** Casa da Moeda do Brasil
**Período de circulação:** 09/04/1990 a 15/09/1994

**Saiba mais na página 180**

## 5.000 CRUZEIROS

**Anverso:** Carlos Gomes
**Reverso:** Piano e monumento
**Dimensões:** 14,0cm x 6,5cm
**Órgão emissor:** Banco Central do Brasil
**Fabricante:** Casa da Moeda do Brasil
**Período de circulação:** 11/06/1990 a 15/09/1994

**Saiba mais na página 169**

## 10.000 CRUZEIROS

**Anverso:** Vital Brasil
**Reverso:** Serpentário
**Dimensões:** 14,0cm x 6,5cm
**Órgão emissor:** Banco Central do Brasil
**Fabricante:** Casa da Moeda do Brasil
**Período de circulação:** 26/04/1991 a 15/09/1994

**Saiba mais na página 174**

## 50.000 CRUZEIROS

**Anverso:** Câmara Cascudo
**Reverso:** Bumba-meu-boi
**Dimensões:** 14,0cm x 6,5cm
**Órgão emissor:** Banco Central do Brasil
**Fabricante:** Casa da Moeda do Brasil
**Período de circulação:** 02/12/1991 a 15/09/1994

Saiba mais na página 192

## 100.000 CRUZEIROS

**Anverso:** Beija-flor
**Reverso:** Cataratas do Iguaçu
**Dimensões:** 14,0cm x 6,5cm
**Órgão emissor:** Banco Central do Brasil
**Fabricante:** Casa da Moeda do Brasil
**Período de circulação:** 24/07/1992 a 15/09/1994

Saiba mais nas páginas 234 e 200

## 500.000 CRUZEIROS

**Anverso:** Mário de Andrade
**Reverso:** Edifício Martinelli, Mário de Andrade e crianças
**Dimensões:** 14,0cm x 6,5cm
**Órgão emissor:** Banco Central do Brasil
**Fabricante:** Casa da Moeda do Brasil
**Período de circulação:** 29/01/1993 a 15/09/1994

Saiba mais na página 194

### Um monte de zeros

A nota de 500 mil cruzeiros foi a cédula de maior valor facial desde o fim do padrão réis. Embora longe de ser um recorde mundial, os cinco zeros da nota de Mário de Andrade retrataram como nunca a hiperinflação brasileira.

Com a readoção do cruzeiro, passaram a circular as moedas de 1, 5, 10 e 50 centavos. Entre os temas, destacavam-se três figuras típicas de certas regiões do Brasil: o salineiro, o seringueiro e a rendeira. Em 1992, foram lançadas moedas de 100, 500 e 1.000, com motivos ligados à fauna marinha, e de 5.000 cruzeiros, retratando Tiradentes.

**1 CRUZEIRO**
**Anverso:** Bandeira do Brasil
**Reverso:** sem motivos temáticos
**Diâmetro:** 2,05cm
**Peso:** 3,61g
**Espessura:** 1,40mm
**Material:** aço inoxidável
**Órgão emissor:** Banco Central do Brasil
**Fabricante:** Casa da Moeda do Brasil
**Período de circulação:**
31/05/1990 a 31/07/1993
**Datas de cunhagem:** 1990

Saiba mais na página 180

**5 CRUZEIROS**
**Anverso:** Salineiro
**Reverso:** sem motivos temáticos
**Diâmetro:** 2,15cm
**Peso:** 3,97g
**Espessura:** 1,40mm
**Material:** aço inoxidável
**Órgão emissor:** Banco Central do Brasil
**Fabricante:** Casa da Moeda do Brasil
**Período de circulação:**
31/05/1990 a 31/07/1993
**Datas de cunhagem:** 1990, 91 e 92
**Obs.:** A espessura da moeda de 5 cruzeiros foi reduzida para 1,20mm em 1991, e o peso dela caiu para 3,40g. Nesse mesmo ano, moedas com as duas espessuras foram cunhadas.

Saiba mais na página 183

**10 CRUZEIROS**
**Anverso:** Seringueiro
**Reverso:** sem motivos temáticos
**Diâmetro:** 2,25cm
**Peso:** 4,36g
**Espessura:** 1,40mm
**Material:** aço inoxidável
**Órgão emissor:** Banco Central do Brasil
**Fabricante:** Casa da Moeda do Brasil
**Período de circulação:**
31/05/1990 a 15/09/1994
**Datas de cunhagem:** 1990, 91 e 92
**Obs.:** A espessura da moeda de 10 cruzeiros foi reduzida para 1,20mm em 1991, e o peso dela caiu para 3,74g. Nesse mesmo ano, moedas com as duas espessuras foram cunhadas.

**50 CRUZEIROS**
**Anverso:** Baiana
**Reverso:** sem motivos temáticos
**Diâmetro:** 2,35cm
**Peso:** 4,78g
**Espessura:** 1,40mm
**Material:** aço inoxidável
**Órgão emissor:** Banco Central do Brasil
**Fabricante:** Casa da Moeda do Brasil
**Período de circulação:**
17/12/1990 a 15/09/1994
**Datas de cunhagem:** 1990, 91 e 92
**Obs.:** A espessura da moeda de 50 cruzeiros foi reduzida para 1,20mm em 1991, e o peso dela caiu para 4,09g. Nesse mesmo ano, moedas com as duas espessuras foram cunhadas.

Saiba mais na página 198

**100 CRUZEIROS**
**Anverso:** Peixe-boi
**Reverso:** sem motivos temáticos
**Diâmetro:** 1,80cm
**Peso:** 2,39g
**Espessura:** 1,20mm
**Material:** aço inoxidável
**Órgão emissor:** Banco Central do Brasil
**Fabricante:** Casa da Moeda do Brasil
**Período de circulação:**
13/07/1992 a 15/09/1994
**Datas de cunhagem:** 1992 e 93

Saiba mais na página 179

**500 CRUZEIROS**
**Anverso:** Tartaruga-marinha
**Reverso:** sem motivos temáticos
**Diâmetro:** 1,90cm
**Peso:** 2,66g
**Espessura:** 1,20mm
**Material:** aço inoxidável
**Órgão emissor:** Banco Central do Brasil
**Fabricante:** Casa da Moeda do Brasil
**Período de circulação:**
13/07/1992 a 15/09/1994
**Datas de cunhagem:** 1992 e 93

Saiba mais na página 234

**1.000 CRUZEIROS**
**Anverso:** Peixes acará
**Reverso:** sem motivos temáticos
**Diâmetro:** 2,00cm
**Peso:** 2,96g
**Espessura:** 1,20mm
**Material:** aço inoxidável
**Órgão emissor:** Banco Central do Brasil
**Fabricante:** Casa da Moeda do Brasil
**Período de circulação:**
21/12/1992 a 15/09/1994
**Datas de cunhagem:** 1992 e 93

Saiba mais na página 179

**5.000 CRUZEIROS**
**Anverso:** Bicentenário de Tiradentes
**Reverso:** Enforcamento
**Diâmetro:** 3,10cm
**Peso:** 9,95g
**Espessura:** 1,90mm
**Material:** aço inoxidável
**Órgão emissor:** Banco Central do Brasil
**Fabricante:** Casa da Moeda do Brasil
**Período de circulação:**
21/09/1992 a 15/09/1994
**Datas de cunhagem:** 1992

Saiba mais na página 166

Ainda em 1992, duas moedas comemorativas foram lançadas. Uma delas tinha o meio ambiente como tema, e a outra tratava dos 500 anos do "descobrimento" da América.

## "DESCOBRIMENTO" DA AMÉRICA

**500 CRUZEIROS**
**Anverso:** Encontro de dois Mundos
**Reverso:** Países emissores
**Diâmetro:** 4,00cm
**Peso:** 27,00g
**Espessura:** 2,50mm
**Material:** prata
**Órgão emissor:** Banco Central do Brasil
**Fabricante:** Casa da Moeda do Brasil
**Período de circulação:**
16/03/1992 a 15/09/1994
**Datas de cunhagem:** 1992

Saiba mais na página 176

## ENCONTRO PARA O MEIO AMBIENTE E DESENVOLVIMENTO

**2.000 CRUZEIROS**
**Anverso:** Meio ambiente – Desenvolvimento
**Reverso:** Orquídea e beija-flor
**Diâmetro:** 4,00cm
**Peso:** 27,00g
**Espessura:** 2,50mm
**Material:** prata
**Órgão emissor:** Banco Central do Brasil
**Fabricante:** Casa da Moeda do Brasil
**Período de circulação:**
03/06/1992 a 15/09/1994
**Datas de cunhagem:** 1992

Saiba mais na página 178

# O maior mito brasileiro

Órfão na adolescência, Joaquim José foi criado, desde então, pelo padrinho, um cirurgião que lhe ensinou noções práticas de Medicina e Odontologia. Daí veio o apelido com o qual se tornou conhecido, Tiradentes. Adulto, exerceu os trabalhos de mascate, tropeiro, ourives e, especialmente, alferes (um posto intermediário na hierarquia do Exército colonial brasileiro, logo abaixo de tenente).

No regimento da cavalaria de sua capitania, teve contato com pessoas dotadas de grande conhecimento. Conheceu idéias iluministas de filósofos franceses e estudou os movimentos de independência dos Estados Unidos. A proposta de emancipação do Brasil se tornou tema freqüente em seu cotidiano, já que a relação entre a metrópole portuguesa e sua colônia sul-americana trazia inúmeras desvantagens aos brasileiros.

A partir de 1788, a possibilidade de organização de um levante passou a ser levada para todos os destinos de suas viagens. Ao ir para o Rio de Janeiro, em maio do ano seguinte, Tiradentes foi preso, graças à delação feita pelo coronel Joaquim Silvério dos

Reis ao governador de Minas Gerais, Visconde de Barbacena. Silvério dos Reis era ligado ao movimento, conhecia os planos do alferes e sabia quem seriam as pessoas que os poriam em prática. Denunciou seus pares para ter dívidas perdoadas pelo governo.

O episódio entrou para a história com o nome de Inconfidência Mineira, embora o termo mais adequado para o movimento seja "conjuração". Foi um movimento emancipatório, que defendia o rompimento total com a metrópole, em favor de um Brasil republicano, com capital em São João del Rey.

O processo contra os revoltosos durou três anos. Tiradentes foi condenado à forca, por liderar o movimento e ser o único a assumi-lo. Seus companheiros foram deportados para a África. O lema "Liberdade ainda que tardia", inspirado na conjuração e extraído de um verso do poeta romano Virgílio, foi inscrito, posteriormente, na bandeira de Minas Gerais.

Tiradentes é o único brasileiro homenageado em um feriado nacional (21 de abril), apesar do fracasso da Conjuração Mineira. Sua mitificação sempre foi oportuna às classes dominantes, pois o alferes, além de ter formação militar, não emergiu no seio do povo. O movimento que ele liderava propunha a emancipação do Brasil, sem mencionar aspectos como a libertação dos escravos. Só para comparar, a Conjuração Baiana (1798), de feição popular e a favor da abolição da escravatura, teve quatro rebeldes enforcados.

Revigorado pela República, após quase um século esquecido, Tiradentes se consagrou como herói pelas mãos de governantes ligados ao Exército. Mas em 1963, um ano antes do golpe que daria origem ao regime militar, ele estava representado na nota de 5.000 cruzeiros — que teve uma outra versão no mesmo ano e passou a valer 5 cruzeiros novos em 1967.

O reverso trazia o quadro *Tiradentes ante o Carrasco*, pintado em 1941 por Rafael Falco, numa alusão a seu sacrifício.

Foi a partir desse período que sua imagem se impôs, definitivamente, como uma ressonância do calvário de Cristo. Em 1966, Castello Branco tornou Tiradentes o Patrono Cívico da Nação e decretou que qualquer representação do conjurado mineiro deveria se basear na escultura feita por Francisco Andrade e inaugurada no Palácio Tiradentes em 1926. Falseando a História, essa obra mostra Tiradentes de barbas e cabelos longos, na iminência do enforcamento. Os condenados à morte, na realidade, deveriam ser executados com cabeça e rosto raspados.

A versão do alferes à imagem de Cristo aparece em outras duas moedas. Uma delas, curiosamente, tinha também o valor de 5.000 cruzeiros e lembrava, em 1992, o bicentenário de sua morte. No reverso, há a gravura de uma corda.

A moeda de 5 centavos de real, em circulação desde 1998, traz Tiradentes à frente de uma pomba — ave simbólica da liberdade e da paz. Na outra face, aparece uma estilização da bandeira brasileira.

# O músico do imperador

Compondo polcas, valsas e quadrilhas, só aos 23 anos Carlos Gomes passou a se apresentar ao público, em São Paulo. A carreira deslanchou quando Dom Pedro II, admirado por seu talento, concedeu-lhe uma bolsa de estudos. O músico passou a estudar no Conservatório de Francisco Manuel, no Rio de Janeiro, em 1861. Ao encenar suas primeiras óperas — *A Noite do Castelo* e *Joana de Flandres* —, impressionou novamente Dom Pedro II, que o enviou para a Itália, onde Carlos Gomes se diplomou como maestro.

Até a proclamação da República, recebeu apoio financeiro do Império e atendeu a encomendas de trabalhos como *Saudação do Brasil*, *Ao Ceará Livre* e *O Escravo*. Por gratidão ao imperador, recusou-se a compor o Hino Nacional. *O Guarani*, sua ópera mais conhecida, baseada no romance homônimo de José de Alencar, estreou em 1870 no Teatro Alla Scalla, em Milão, com grande sucesso. De lá o maestro foi se apresentar nas principais capitais européias. Foi aclamado também no Brasil.

Carlos Gomes compunha com temática brasileira e estilo italiano, inspirado em Giuseppe Verdi. As modinhas são suas músicas de maior caráter nacional, além de serem mais valorizadas pelo público brasileiro. O maestro deixou diversas obras inacabadas e ainda conquistou o título de "cavalheiro da Coroa da Itália".

Expressões da obra de Carlos Gomes se somam na nota de 5.000 cruzeiros, impressa em 1990. No anverso, as óperas *O Guarani*, *Salvador Rosa* e *O Escravo* estão representadas ao lado da efígie do compositor. As imagens são baseadas no monumento ao maestro, situado no Teatro Municipal de São Paulo, de onde se retratou também a escultura de Gomes — um dos motivos do reverso.

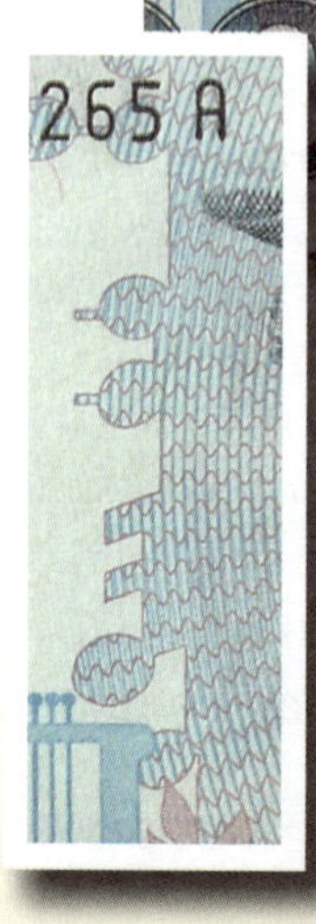


O recorte das margens direita e esquerda da cédula é baseado em trecho de pauta musical.

A face traseira da nota apresenta ainda um piano que foi do músico e expõe, com destaque menor, outros instrumentos musicais, como harpas. A representação do violino, por exemplo, é feita por meio de volutas — parte superior de sua "cabeça", envolta por um espiral. Lado a lado, as volutas preenchem uma pauta de cinco linhas, conhecida como pentagrama e utilizada para escrever músicas.

Ainda no anverso, vê-se uma harpa rodeada por louros e um diapasão (usado para afinar instrumentos e vozes). É este último objeto, estilizado, que indica o registro coincidente. Os nomes de diversas obras do compositor aparecem num quadro, ao fundo, entre o monumento e o piano. Autor da mais famosa ópera brasileira, Gomes simboliza a criatividade artística e a riqueza cultural do País. A cédula de 5.000 cruzeiros tem propósito nacionalista, como a produção de seu homenageado.

# No interior do Brasil

Bacharel em Ciências Físicas, Naturais e Matemáticas pela Escola Superior de Guerra, professor de Astronomia, Mecânica e Matemática da Escola Militar do Rio de Janeiro, engenheiro militar e sertanista são alguns predicados de Cândido Rondon. Para a História, sua imagem é de um grande desbravador do Brasil e protetor dos índios, que chegou a ser indicado ao Prêmio Nobel da Paz.

Nomeado chefe do Distrito Telegráfico do Mato Grosso no ano de 1892, ele participou de uma comissão para construção de modernas linhas de comunicação à distância. Entre 1907 e 1915, sua rotina consistiu em mapear terrenos, desbravar territórios e integrar as regiões Centro-Oeste e Norte por meio telegráfico. Esse projeto ficou conhecido como Comissão Rondon.

O grande desbravador criou e dirigiu o Serviço de Proteção aos Índios e foi presidente do Conselho Nacional de Proteção ao Índio. No fim da vida, foi diversas vezes homenageado. Sua data de nascimento (5 de maio) se tornou o Dia Nacional das Comunicações, e o próprio Rondon passou a ser considerado patrono das Comunicações no Brasil. Ao fazer 90 anos, recebeu o posto de marechal do Exército. No ano seguinte, em nova homenagem, o Território Federal do Guaporé teve o nome alterado para Território Federal de Rondônia. Cego e muito doente, mas consagrado, Rondon morreu aos 92 anos.

De um lado, no anverso, os frutos da Comissão Rondon, como a estação telegráfica que integra as regiões brasileiras. Tudo isso junto com a efígie de um dos maiores desbravadores do País.

De outro lado, o reverso e seus motivos indígenas — o casal de Carajás, uma habitação dos nhambiquaras, os alimentos e a pintura corporal dos nativos.

Foi assim que a cédula de 1.000 cruzeiros lembrou Cândido Rondon em 1990. A homenagem apreciava o "desvendamento" do Brasil — um processo de autodeterminação calcado na busca pelo desconhecido e no respeito à diversidade. Nas representações, a expansão telegráfica evocava a importância da integração nacional, enquanto a defesa dos índios exaltava a força dos ensinamentos mais primitivos.

# O médico que reinventou o soro antiofídico

Desde a adolescência, Vital Brazil queria ser médico. Como as únicas faculdades de Medicina do Brasil ficavam no Rio de Janeiro e em Salvador, aos 21 anos ele foi para o Rio. Para pagar os estudos, trabalhou como escrevente de polícia e professor. Ao se formar, atuou como médico em Botucatu.

Foi lá que começou a atender pacientes com picadas de cobra — em sua maioria trabalhadores das fazendas de café da região. Os tratamentos eram populares, mas ineficazes. O único soro antiofídico existente só funcionava com um gênero de cobras, o que punha em risco a mão-de-obra das lavouras.

Depois de desenvolver soros específicos para as espécies que mais matavam no País, Vital Brazil foi convidado pelo governo paulista a assumir o Instituto Butantã. Conseguiu captar recursos para a entidade, que progrediu enormemente. Em 1916, trabalhava em Niterói, desenvolvendo pesquisas. O governo do Rio de Janeiro — onde ele tinha contatos políticos — convidou-o a fundar um centro de pesquisas biológicas.

O Instituto de Higiene, Soroterapia e Veterinária (atual Instituto Vital Brazil) surgiu em 1919 e teve trajetória de crescimento semelhante à do Butantã. Até a chegada das multinacionais farmacêuticas ao País, produzia soros e medicamentos comercializados nas principais capitais do Brasil. Vital, o médico, também estudou as serpentes e deixou obras sobre suas pesquisas.

A nota de 10 mil cruzeiros, lançada em 1990, homenageou o descobridor do soro antiofídico. Na cédula, porém, as áreas destinadas a representações de cobras são tantas — e tão atrativas — que ofuscam a própria efígie de Vital Brazil. Senão, vejamos: os dois lados da nota apresentam, ao fundo, estilizações do revestimento das cobras, como as escamas da jararaca e da cascavel.

O anverso faz referência à extração do veneno da cobra — uma das etapas mais importantes na preparação do soro antiofídico. O registro coincidente traz a cabeça da peçonhenta urutu.

Já o reverso, na tentativa de propiciar a ilusão de movimento, mostra uma muçurana tragando impiedosamente uma cascavel. Essa face da nota traz também, sem muito destaque, a imagem parcial, em curva, de uma cobra.

O triunfo da força é um expediente no serpentário e na ciência. As cobras lutam para sobreviver, e os cientistas, para estimular o progresso. Vital Brazil entendeu essa lógica à risca e se tornou um cientista digno de ser reverenciado pela população brasileira.

# O Novo Mundo

**"DESCOBRIMENTO" DA AMÉRICA**

Da chegada de Cristóvão Colombo à América até o reconhecimento das novas terras como um continente, 20 anos já se haviam passado. Em 12 de outubro de 1492, Colombo avistou o local que ele definiria, posteriormente, como "o paraíso terrestre". Não eram as Índias, como se pensava na época. Ainda assim, os nativos foram chamados de "índios" — e nunca mais se livraram dessa marca.

A "descoberta" do continente foi o ponto culminante das Grandes Navegações, empreendidas no século 15 pelos reinos europeus. Portugal saiu à frente, seguido pela Espanha. Aumentar os domínios territoriais e conquistar rotas alternativas para o comércio com o Oriente eram os objetivos da expansão marítima.

Para evitar a rota do Mar Mediterrâneo, dominada por italianos e muçulmanos, Portugal e Espanha financiavam diversas viagens para as Índias através do Oceano Atlântico. Isso explica a presença de um navegador genovês, Colombo, a serviço do reino espanhol. Em 1492, após dois meses de viagem, as caravelas sob seu comando — Santa Maria, Pinta e Nina — aportaram no arquipélago das Bahamas.

As primeiras expedições foram cercadas de grandes dificuldades. O contato inicial com os habitantes locais e a demarcação das novas terras eram alguns dos problemas encontrados pelos navegadores. Em 1493, Colombo retornou à Espanha, mas logo fez outra viagem ao "Novo Mundo". Em 1496 e 1498, repetiria a rota para dar início ao processo de colonização das terras encontradas.

Com a "descoberta" do Brasil, em 1500, o espanhol Américo Vespúcio começou a explorar a parte sul do novo continente. A Corte espanhola acabara de nomeá-lo navegador-mor, encarregando-o de mapear toda a nova região. Somente em 1512 as cortes européias concluíram tratar-se de um continente. Em homenagem a Vespúcio, o território foi denominado América.

O "descobrimento" da América, "encontro de dois mundos", completou 500 anos em 1992, sendo celebrado internacionalmente. Portugal, Espanha e 12 países latino-americanos uniram esforços para, em conjunto, emitir moedas comemorativas. A versão brasileira, de 500 cruzeiros, era altamente requintada. No reverso, apareciam brasões dos países envolvidos no projeto. Em tamanho maior, ao centro, vinha o brasão de armas do Brasil.

O anverso é um dos mais complexos na história do País. Relaciona o Velho e o Novo Mundo — Europa e América —, por meio de uma apurada alegoria. Nele estão representados elementos tais como: a nau Santa Maria, num caminho involuntário rumo ao "paraíso terrestre"; o Oceano Atlântico, elo entre os dois continentes; e a rosa-dos-ventos, que, cunhada ao centro da moeda, expressa a interligação da Europa com a América, bem como o equilíbrio entre as figuras estampadas.

No plano geral, a moeda também evoca instrumentos de navegação — cartas náuticas e astrolábio —, que se tornaram peças históricas em decorrência da expansão marítima. Os "dois mundos" se encontram, enfim, numa perspectiva histórica, ressaltando não apenas o passado mas também as possibilidades abertas pela globalização. Numa época em que proliferam blocos econômicos, também se multiplicam os acordos comerciais. Em 1992, a União Européia e o Mercosul não passavam de projetos — mas o esforço para se cunhar uma peça em comum foi uma experiência bem-sucedida e estreitou relações entre os países envolvidos.

# A questão ambiental em primeiro plano

**MEIO AMBIENTE (RIO 1992)**

De 3 a 14 de junho de 1992, a ONU promoveu sua primeira grande reunião após o fim da Guerra Fria: era a Conferência das Nações Unidas sobre Meio Ambiente e Desenvolvimento, conhecida também por Rio 1992. O evento reuniu 175 países no Rio de Janeiro, para discutir maneiras de aliar a preservação ambiental ao desenvolvimento socioeconômico.

Foram formulados documentos com compromissos claros — a Agenda 21 e a Declaração do Rio —, estabelecendo diretrizes para o desenvolvimento sustentável. O debate sobre padrões de consumo e de poluição teve como premissa a diferenciação entre países ricos e pobres.

Cinco anos depois, Nova Iorque abrigou o encontro sobre o cumprimento das resoluções da Agenda 21. Mas o balanço mais importante ocorreu no ano de 2002, em Johanesburgo, na África do Sul. O Rio+10 teve a participação de 190 países, que novamente avaliaram a implantação e os resultados da Rio 1992, além de ratificar compromissos assumidos.

Mais importante evento já realizado no Brasil, a Rio 1992 foi tema da moeda comemorativa de 2.000 cruzeiros, lançada pelo governo Collor. O anverso exaltava a idéia de desenvolvimento sustentável retratando a Praia da Urca, com o Pão de Açúcar e o famoso bondinho carioca. É um exemplo de atração turística que se aproveita da natureza sem prejudicá-la. A fim de relacionar fauna e flora, objetos da luta dos ambientalistas, o reverso expõe um beija-flor polinizando uma planta.

# A Floresta Amazônica em recuperação

**PEIXE-BOI E ACARÁ**

A biodiversidade da Floresta Amazônica é um dos maiores patrimônios brasileiros. Apenas em um quilômetro quadrado da região há mais espécies do que na Europa inteira. A fauna de invertebrados pode estar entre 10 e 30 milhões de espécies. O Brasil também tem reconhecidas e catalogadas mais de 3.000 espécies de peixes de água doce, 516 de anfíbios, 522 de mamíferos, 1.622 de aves e 468 de répteis. Desse universo, 725 animais só existem no País. Trata-se, provavelmente, da maior biodiversidade do mundo.

O acará e o peixe-boi são símbolos dessa grande variedade de espécies. Mamífero herbívoro de águas tropicais, o peixe-boi é representado, no Brasil, pelas espécies amazônica e marinha. Esta última é o mamífero aquático brasileiro mais ameaçado de extinção. No litoral nordestino, a caça indiscriminada para aproveitar o óleo, o couro e a carne do peixe-boi marinho reduziu sua população de milhares para cerca de 400. No plano simbólico, os antigos navegantes associavam os peixes-boi ao mito da sereia, devido ao formato do corpo e ao som produzido pela espécie — o que os fez serem conhecidos também como sirênios.

Os peixes acará, à semelhança do sirênio de água doce, são originários da Amazônia. Há diversas espécies, como bandeira, disco, festivo, jóia e severo. O acará, que vive em águas quentes, era coletado e vendido para aquaristas no mundo todo. Hoje é reproduzido em cativeiro com facilidade, e quem mais os fornece são criadores asiáticos. A criação em cativeiro retira o acará da lista de peixes ornamentais ameaçados de extinção. Por outro lado, diminui as possibilidades econômicas de comunidades ribeirinhas da Amazônia, que sobreviviam da venda do peixe.

O novo padrão monetário reforça a preocupação com a fauna brasileira. As moedas de 100 cruzeiros (com o peixe-boi) e de 1.000 cruzeiros (acará) renovam as expectativas de movimentos ecológicos, ao disseminar a causa da preservação das espécies. Essas duas peças do dinheiro nacional foram lançadas em 1992 — o "Ano do Meio Ambiente".

# Os símbolos máximos da nação

### BANDEIRA, ARMAS E EFÍGIE DA REPÚBLICA

Mal o Segundo Reinado terminou e já foi preciso alterar os símbolos nacionais, que eram identificados com o regime imperial. Raimundo Teixeira Mendes elaborou o projeto da nova bandeira, com a colaboração de Miguel Lemos. O desenho coube a Décio Vilares.

É a única no mundo a portar uma legenda positivista — "Ordem e Progresso". O verde e o amarelo repetem as cores da bandeira do período monárquico e representam, popularmente, as riquezas vegetais e minerais do País. O azul e o branco, ainda por uma tendência popular, remetem ao céu brasileiro e ao desejo de paz entre os povos da nação.

As 27 estrelas representam as unidades federativas do Brasil. Qualquer estado que seja criado ou extinto deverá ser adicionado ou suprimido da bandeira, de modo que não afete a estética original de seu desenho.

As Armas Nacionais (ou o Brasão Nacional) e a efígie da República são menos conhecidas, embora representadas com mais freqüência no dinheiro brasileiro. O brasão simboliza a glória, a honra e a nobreza do Brasil. Seu uso é obrigatório nos edifícios-sede dos três poderes (Legislativo, Executivo e Judiciário), nos quartéis militares e policiais e em todos os documentos oficiais de nível federal.

O desenho é formado por um escudo redondo sobre uma grande estrela de cinco pontas. No centro, há uma representação do Cruzeiro do Sul cercada por um círculo de pequenas estrelas de prata, aludindo a estados brasileiros. Um ramo de café e outro de fumo sustentam o círculo de cinco pontas. Abaixo, aparece a data da proclamação da República.

O outro símbolo marcante do regime é a efígie (palavra de origem latina que quer dizer "representação", "figura" ou "imagem"). O emblema brasileiro se assemelha à efígie da liberdade, revelando a imagem esculpida de uma mulher, de perfil, com uma coroa de louros.

Assim, a efígie da República simboliza os valores que serviram como base para a finalização do regime monárquico, em especial o anseio libertário.

É tradição que as moedas indiquem seu país de origem — pelo nome dele, pela efígie do chefe de Estado ou pelos símbolos nacionais. Em virtude disso, a bandeira nacional e, mais ainda, a efígie e as armas da República são permanentemente representadas no dinheiro brasileiro. Atualmente, esses símbolos são motivos secundários do meio circulante. Mas já foram elementos principais de algumas séries, como as famílias de moedas lançadas em 1956 (cruzeiro) e 1986 (cruzado).

A efígie, por exemplo, é motivo na nota de 1 cruzeiro, lançada em 1970. No reverso, aparece o edifício-sede das antigas Caixas de Conversão, Estabilização e Amortização. Fundado em 1906 no Rio de Janeiro e tombado em 1973 como "patrimônio histórico e artístico nacional", o prédio abriga, atualmente, o Departamento do Meio Circulante do Banco Central.

O centenário da República, em 1989, ocasionou o lançamento da cédula de 200 cruzados novos e de duas moedas comemorativas — uma delas de tiragem restrita.

A nota também trazia no anverso uma representação solene de quatro personalidades importantes ao movimento republicano na década de 1890: Silva Jardim, Benjamim Constant, Marechal Deodoro da Fonseca e Quintino Bocaiúva. Coerente com esse tema, o reverso expunha o mais famoso quadro de Pedro Bruno, *Pátria*, em que uma família borda a bandeira nacional.

Em 1990, com o restabelecimento do cruzeiro, a imagem simbólica da República tornou a aparecer, na antiquada nota de 5.000, que entre outros motivos brasileiros estampava o brasão de armas num medalhão circular. No mesmo ano, a moeda de um cruzeiro teve como tema a bandeira, estilizada, salientando a constelação cruzeiro do sul. Verdade é que, desde o cruzado, a bandeira esteve presente em praticamente todos os padrões monetários.

Já no real, criado em 1994, todas as cédulas e moedas entraram em circulação com a efígie da República — as notas, diga-se de passagem, apresentavam o tema principal no reverso. Enquanto o País estiver na era republicana, a efígie, a bandeira e as armas nacionais haverão de aparecer no dinheiro brasileiro.

# Na trilha de Chico Mendes

**SALINEIRO E SERINGUEIRO**

Por ser um país de dimensões continentais, o Brasil sempre teve uma economia diversificada, com vários gêneros importantes no mercado interno e para exportação. O salineiro e o seringueiro são evidências desse aspecto. A indústria salineira é uma das mais tradicionais do País, com origens que remontam ao início da colonização, no século 16.

Durante décadas os portugueses tiveram o monopólio do setor, o que não impediu a emergência de uma grande produção nacional. O sal representa um dos principais pilares da economia do Rio Grande do Norte, estado responsável pela maior parte da produção nacional. As cidades de Mossoró, Areia Branca, Açu e Macau chamam atenção por suas salinas.

A mão-de-obra humana, representada pelo salineiro, sustentou durante séculos essa indústria, que se tornou fonte renovada de empregos. No século 20, as atividades passaram pelo processo de mecanização, o que movimentou as economias das áreas do sal, mas reduziu, drasticamente, os postos de trabalho.

A presença do seringueiro, por outro lado, ainda é imprescindível à extração de borracha natural. O seringueiro vive imerso na floresta, junto aos rios, morando em palafitas e passando meses a fio no trabalho. As etapas para a obtenção de borracha incluem o corte da seringueira, além da retirada e defumação da seiva.

A atividade extrativa se espalha principalmente pelas regiões Centro-Oeste e Norte. O seringueiro Chico Mendes é tido como o maior símbolo de uma categoria que luta em defesa da reforma agrária e dos direitos dos trabalhadores. O assassinato do líder, em Xapuri, no Acre, a 22 de dezembro de 1988, alcançou eco em todo o mundo.

Foi em 1990 que o dinheiro nacional homenageou o salineiro e o seringueiro, respectivamente, nas moedas de 5 e 10 cruzeiros. Com essa lembrança, valoriza-se a tendência nacionalista. A bandeira do Brasil, estilizada no reverso das moedas, intensifica a proposta. O salineiro é representado entre dois moinhos de ventos e sobre salinas. Já o seringueiro aparece em meio à figuração de seringueiras já "sangradas", com cortes uniformes. A parte inferior traz uma imagem alegórica da indústria de borracha, simbolizando o processo de extração por meio químico-industrial.

# Um símbolo que "caiu" do céu

## CRUZEIRO DO SUL

O que significa a constelação Cruzeiro do Sul para a História do Brasil? Uma primeira resposta surgiu involuntariamente, na esquadra de Pedro Álvares Cabral que chegou ao País em 1500. João Emeneslau, mais conhecido como Mestre João, era o responsável maior pelas investigações científicas. Fidalgo, cirurgião e físico de origem espanhola, fez referência a cinco estrelas da constelação Centauro. De tão brilhantes, esses astros se destacavam, servindo de guia para os navegantes durante as longas expedições marítimas.

Foi no século 16 que tais estrelas passaram a formar um novo grupo independente, chamado Cruzeiro do Sul. É a menor das 88 constelações reconhecidas pela União Astronômica Internacional. Ainda que continue parecendo parte integrante da constelação Centauro, o Cruzeiro do Sul se espalhou mundo fora. Está representado tanto na bandeira de países desenvolvidos (Austrália e Nova Zelândia) quanto no estandarte de nações desconhecidas (Samoa Ocidental e Papua Nova-Guiné). Foi para homenageá-lo que a primeira moeda genuinamente brasileira se chamou cruzeiro, bem como um dos mais populares clubes de futebol do País. O selo da República, a bandeira e as Armas Nacionais contêm suas estrelas.

No caso da bandeira, a base é o céu do Rio de Janeiro, às 8h37, de 15 de novembro de 1889 — o exato momento da proclamação da República. Se naquele instante alguém inclinasse uma esfera celeste que coubesse na mão, veria nitidamente o maior eixo do Cruzeiro do Sul na vertical, passando sobre o meridiano carioca. Do céu para a bandeira brasileira, a imagem da constelação se inverteu. Por isso, vemos que a "pequena" estrela Epsilon se situa à esquerda — embora no céu se localize à direita. Espírito Santo, São Paulo, Minas Gerais, Rio de Janeiro e Bahia são os estados indicados na bandeira de acordo com o Cruzeiro do Sul. A constelação de Escorpião, com oito estrelas, é a mais representativa.

O nome de três unidades monetárias brasileiras — cruzeiro (1942-1967, 1970-1986 e 1990-1993), cruzeiro novo (1967-1970) e cruzeiro real (1993-1994) — evoca a constelação mais famosa no Brasil. Se não bastasse, muitas vezes o Cruzeiro do Sul apareceu de forma indireta no dinheiro nacional, por estar representado na bandeira brasileira e no Brasão da República.

Em 1998, por exemplo, foi lançada uma série de moedas — 1, 5, 10, 25 e 50 centavos, mais a de 1 real — em que a constelação sobressai, estilizada, na bandeira nacional.

A moeda comemorativa de 5 reais, de 2002, associa as cinco estrelas do grupo ao pentacampeonato mundial da seleção brasileira de futebol.

De todas as homenagens desde a implantação do cruzeiro por Vargas, a mais remota é de 1942. Foi quando passaram a circular moedas de 1, 2 e 5 cruzeiros, tendo o Cruzeiro do Sul como um de seus motivos.

Capítulo 7

# Cruzeiro Real

# CR$

# O mais breve padrão monetário

**CRUZEIRO REAL**
**Período**
01/08/1993 a 30/06/1994
(11 meses)
**Inflação do período**
3.673,48%
**Salário mínimo em 01/08/1993**
CR$ 5.534,00
**Salário mínimo em 30/06/1994**
CR$ 178.172,50 (URV 64,79)

O troca-troca de unidades monetárias era rotina desde 1986, em função dos incontroláveis surtos inflacionários, que enfraqueciam o dinheiro nacional. O cruzado novo, por exemplo, ficou em circulação por 14 meses. Mas já fazia mais de quatro anos que o governo não instituía um padrão "cortando zeros" no valor do dinheiro — e não havia como questionar a necessidade de uma nova reforma monetária.

No ano de 1993, por incrível que pareça, 5.000 era o valor facial de uma moeda. Além disso, desde a implantação do cruzeiro por Getúlio Vargas, em 1942, nunca havia circulado dinheiro com valor absoluto tão alto quanto a nota de 500 mil cruzeiros. Os presidentes José Sarney e Fernando Collor fracassaram, ambos, na tentativa de conter a inflação. Pior para Collor, que ainda sofreu impeachment e deu adeus à presidência. Em seu lugar, assumiu o vice, Itamar Franco. Mais do que a inflação, o País vivia uma crise recessiva — o PIB decaiu em 1990 e 1992.

Era esse o Brasil que passou para as mãos de Itamar. No plano político, os brasileiros tinham de ir às urnas, em abril de 1993, para definir o regime e o sistema que queriam. Apurados os votos, tanto a república quanto o presidencialismo venceram. Na economia, Itamar Franco reverteu a situação do PIB, que voltou a crescer. Mas a inflação persistia. Se em 1992 havia sido de 1.175%, acabou por fechar o ano seguinte em 2.567%. Outro ajuste monetário se fazia necessário. A moeda voltou a perder três zeros quando foi instituído o cruzeiro real — nome que lembrava duas antigas moedas brasileiras. A nova unidade vigorou de 1º de agosto de 1993 a 30 de junho de 1994, precisos onze meses — um recorde na história do dinheiro brasileiro.

Breve e pouco eficaz, o cruzeiro real equivalia a mil cruzeiros. Teve como base a resolução 2.010 e a medida provisória 336, de 28 de julho de 1993, além da lei 8.697, publicada quase um mês depois, em 27 de agosto. No rastro de outra explosão inflacionária, a medida provisória 434, de 17 de fevereiro de 1994, estabeleceu a Unidade Real de Valor (URV), uma espécie de moeda paralela sem valor de troca, que era reajustada dia a dia e visava à preparação de uma nova moeda.

A utilização da URV como referência de preços era estimulada pelo governo em todos os setores da economia, como forma de preparação. Afinal, contavam-se os dias para que o real fosse oficializado como nova moeda brasileira. Quando isso ocorreu, em 1º de julho de 1994, a URV e o cruzeiro real deixaram de existir. Nos 11 meses em que o oitavo padrão monetário nacional vigorou, a inflação acumulada foi de quase 3.700%.

Três notas foram reaproveitadas do padrão cruzeiro, com carimbos identificando seu novo valor. O governo também lançou as belíssimas notas de 1.000, 5.000 e 50 mil cruzeiros reais, uma mais caprichada e criativa do que a outra, na busca temática das raízes brasileiras.

**50 CRUZEIROS REAIS**

**Anverso:** Câmara Cascudo
**Reverso:** Bumba-meu-boi
**Dimensões:** 14,0cm x 6,5cm
**Órgão emissor:** Banco Central do Brasil
**Fabricante:** Casa da Moeda do Brasil
**Período de circulação:** 02/08/1993 a 15/09/1994
**Obs.:** O reverso é igual ao da nota de 50 mil cruzeiros (pág. 163)

Saiba mais na página 192

**100 CRUZEIROS REAIS**

**Anverso:** Beija-flor
**Reverso:** Cataratas do Iguaçu
**Dimensões:** 14,0cm x 6,5cm
**Órgão emissor:** Banco Central do Brasil
**Fabricante:** Casa da Moeda do Brasil
**Período de circulação:** 02/08/1993 a 15/09/1994
**Obs.:** O reverso é igual ao da nota de 100 mil cruzeiros (pág. 163)

Saiba mais nas páginas 234 e 200

**500 CRUZEIROS REAIS**

**Anverso:** Mário de Andrade
**Reverso:** Edifício Martinelli, Mário de Andrade e crianças
**Dimensões:** 14,0cm x 6,5cm
**Órgão emissor:** Banco Central do Brasil
**Fabricante:** Casa da Moeda do Brasil
**Período de circulação:** 02/08/1993 a 15/09/1994
**Obs.:** O reverso é igual ao da nota de 500 mil cruzeiros (pág. 163)

Saiba mais na página 194

## 1.000 CRUZEIROS REAIS

**Anverso:** Anísio Teixeira
**Reverso:** Estudantes
**Dimensões:** 14,0cm x 6,5cm
**Órgão emissor:** Banco Central do Brasil
**Fabricante:** Casa da Moeda do Brasil
**Período de circulação:** 01/10/1993 a 15/09/1994

Saiba mais na página 196

## 5.000 CRUZEIROS REAIS

**Anverso:** Gaúcho
**Reverso:** Gaúcho a cavalo
**Dimensões:** 14,0cm x 6,5cm
**Órgão emissor:** Banco Central do Brasil
**Fabricante:** Casa da Moeda do Brasil
**Período de circulação:** 29/10/1993 a 15/09/1994

Saiba mais na página 198

## 50.000 CRUZEIROS REAIS

**Anverso:** Baiana
**Reverso:** Baiana do acarajé
**Dimensões:** 14,0cm x 6,5cm
**Órgão emissor:** Banco Central do Brasil
**Fabricante:** Casa da Moeda do Brasil
**Período de circulação:** 30/03/1994 a 15/09/1994

Saiba mais na página 198

### "Vida louca, vida breve"

Lançada em 31 de março de 1994, a nota de 50 mil cruzeiros reais foi a que circulou por menos tempo no Brasil. Vigorou por apenas três meses, até que fosse implantado o novo padrão monetário, o real, em 1º de julho do mesmo ano. Após a troca de moeda, a nota da baiana ainda teve poder liberatório por mais dois meses e meio.

O cruzeiro real deu impulso a temas ambientais, ao lançar quatro moedas que estampavam a fauna brasileira. A prioridade era para animais em extinção.

**5 CRUZEIROS REAIS**
**Anverso:** Araras
**Reverso:** sem motivos temáticos
**Diâmetro:** 2,10cm
**Peso:** 3,27g
**Espessura:** 1,20mm
**Material:** aço inoxidável
**Órgão emissor:** Banco Central do Brasil
**Fabricante:** Casa da Moeda do Brasil
**Período de circulação:**
20/09/1993 a 15/09/1994
**Datas de cunhagem:** 1993 e 94

**Saiba mais na página 234**

**10 CRUZEIROS REAIS**
**Anverso:** Tamanduá
**Reverso:** sem motivos temáticos
**Diâmetro:** 2,20cm
**Peso:** 3,59g
**Espessura:** 1,20mm
**Material:** aço inoxidável
**Órgão emissor:** Banco Central do Brasil
**Fabricante:** Casa da Moeda do Brasil
**Período de circulação:**
20/09/1993 a 15/09/1994
**Datas de cunhagem:** 1993 e 94

**Saiba mais na página 201**

**50 CRUZEIROS REAIS**
**Anverso:** Onça-pintada
**Reverso:** sem motivos temáticos
**Diâmetro:** 2,30cm
**Peso:** 3,92g
**Espessura:** 1,20mm
**Material:** aço inoxidável
**Órgão emissor:** Banco Central do Brasil
**Fabricante:** Casa da Moeda do Brasil
**Período de circulação:**
10/12/1993 a 15/09/1994
**Datas de cunhagem:** 1993 e 94

**Saiba mais na página 234**

**100 CRUZEIROS REAIS**
**Anverso:** Lobo-guará
**Reverso:** sem motivos temáticos
**Diâmetro:** 2,40cm
**Peso:** 4,27g
**Espessura:** 1,20mm
**Material:** aço inoxidável
**Órgão emissor:** Banco Central do Brasil
**Fabricante:** Casa da Moeda do Brasil
**Período de circulação:**
10/12/1993 a 15/09/1994
**Datas de cunhagem:** 1993 e 94

**Saiba mais na página 201**

# O folclorista potiguar

"Provinciano incurável! Nada mais". Assim se definiu Câmara Cascudo, corroborando o que foi dito sobre ele pelo escritor Afrânio Peixoto. Homem extremamente simples e amável, Cascudo se destacou como folclorista, etnógrafo, professor, historiador, antropólogo e escritor. É autor de mais de 160 livros, a maioria ligada à cultura popular, nas áreas de Antropologia e Etnologia. Destacam-se *Vaqueiros e Cantadores* (1939), *Antologia do Folclore Brasileiro* (1943) e *História da Alimentação no Brasil* (1963).

Notável foi sua afeição por Natal (RN), onde nasceu e permaneceu até a morte, em seus quase 88 anos de vida. Escreveu, em 1947, *História da Cidade de Natal*. E declarou: "Nunca pensei em deixar a minha terra". Cascudo se notabilizou por lecionar durante décadas a disciplina de Direito Internacional — área na qual se formou. Sua importância consiste, porém, numa das grandes referências nacionais no estudo do folclore, dada sua sólida contribuição acadêmica para o assunto.

A partir dos anos 80, o dinheiro nacional foi ficando mais brasileiro, mais nacionalista e mais curioso sobre si próprio. Mas a dúvida crucial, na hora de escolher os homenageados, era diferenciar: quais eram mesmo os expoentes da cultura no País? Por meio de cédulas e notas, as várias repostas a essa pergunta irromperam. Se houve polêmica, certamente não foi o caso de Câmara Cascudo. Entre os brasileiros que ajudaram a ampliar as áreas de conhecimento sobre o Brasil, Cascudo despontava pela longevidade e pela competência.

A homenagem a ele, na nota de 50 mil cruzeiros, sobreveio em 1992, seis anos após sua morte. Começava no anverso com a efígie e motivos ligados a suas vivências pelo Brasil, como o jangadeiro sob sol a pino. Entre o jangadeiro e a efígie, um trançado em palha evocava hábitos interioranos, com os quais Cascudo conviveu a vida toda. O Forte dos Reis Magos, um "cartão de visitas" de Natal, fazia a indicação do registro coincidente.

O reverso explorava aspectos do folclore, como um auto do Bumba-meu-Boi — tradicional elemento da cultura brasileira. Com a mudança de unidade monetária, essa nota passou a valer 50 cruzeiros reais.

# O maior modernista

O Modernismo não foi apenas uma tendência estética mas também um modelo comportamental, renovador, emancipatório, eclético nas funções e soberano no conteúdo. Nesse sentido, seu maior representante há de ser Mário de Andrade. O escritor paulista realizou viagens pelo País, recolhendo informações sobre música, dança, linguagem e costumes regionais. Era formado em Ciências, Letras e Música.

Intelectual polêmico, mas coerente, deixou uma produção literária singular, em verso e prosa, além de registro etnográfico e contribuições teóricas no campo da música. Seu *Paulicéia Desvairada*, de 1922, é a fonte dos poemas que declamou na Semana de Arte Moderna, evento inicial do movimento modernista. Mário reuniu e liderou pintores, músicos, escultores e escritores na Semana, que foi realizada em 13, 15 e 17 de fevereiro de 1922, no Teatro Municipal, para estupor da conservadora burguesia paulistana. A platéia, acostumada a rima e métrica parnasianas e ao romantismo e realismo nas artes plásticas, vaiou o que viu e ouviu.

O autor de *Macunaíma* (1928) e *Contos Novos* (1947, uma obra póstuma) integrou o "Grupo dos Cinco", junto com as pintoras Anita Malfatti e Tarsila do Amaral e os escritores Oswald de Andrade e Menotti Del Picchia. Influenciou profundamente a geração cultural que sucedeu a sua. Trabalhou como professor de Música e História da Arte, conferencista e colunista em jornais e revistas.

Num âmbito mais político, criou a Sociedade de Etnologia e Folclore de São Paulo e idealizou, a pedido do ministro da Educação e Saúde Gustavo Capanema (1934-1945), o Instituto do Patrimônio Histórico e Artístico Nacional. Fundou também o Departamento Municipal de Cultura de São Paulo. "Quando eu morrer", escreveu ele, "O espírito será de Deus / Adeus". Mário faleceu aos 51 anos, vítima de infarto.

A homenagem na nota de 500 mil cruzeiros, de 1993, fez justiça a um dos intelectuais que mais entenderam e influenciaram as artes no Brasil. Convertida depois para o valor de 500 cruzeiros reais, a cédula trazia uma imagem elegante de Mário de Andrade, com gravata e chapéu, ladeada por motivos folclóricos.

Nesse anverso, uma legenda foi transcrita, a partir de um poema do escritor: "E então minha alma servirá de abrigo".

O reverso lembra a atuação de Mário como político e educador, respectivamente pela estampa do Edifício Martinelli (antiga sede da Secretaria de Educação) e pela representação do escritor em contato com crianças.

# O ensino como vocação

Dos títulos, diplomas e cargos que Anísio Teixeira teve, qual terá sido o mais importante? Bacharel pela Faculdade de Direito do Rio de Janeiro ou Master of Arts do Teacher's College pela Universidade de Columbia? Inspetor-geral do Ensino da Bahia ou diretor de Instrução do Distrito Federal (Rio de Janeiro)? Conselheiro de Ensino Superior da UNESCO ou criador (ao lado de Darcy Ribeiro) e reitor da Universidade de Brasília?

Ao longo de toda a vida, Teixeira se dedicou à educação, seja como professor, seja como teórico do ensino, seja ainda como burocrata. Propunha ampla modernização das escolas e formação integral dos alunos, baseada nos princípios republicanos. Conseguiu pôr seus ideais em prática ao criar a Escola Parque, no Centro Educacional Carneiro Ribeiro, na Bahia.

A criação da Universidade de Brasília ocorreu em 1961. Anísio Teixeira assumiu sua reitoria em 1963, para ser logo afastado, com o golpe militar de 1964. Passou alguns anos lecionando em universidades norte-americanas e voltou definitivamente ao Rio em 1967, como consultor da Fundação Getúlio Vargas. Morreu misteriosamente, em 1971. Seu corpo foi achado no poço de um elevador. Tinha alcançado um grande epíteto: "Estadista da educação brasileira".

Ainda que a nota de 1.000 cruzeiros reais tenha circulado por menos de um ano, valeu pela homenagem a um dos maiores educadores brasileiros. Fora sua efígie, o anverso traz uma representação da Escola Parque.

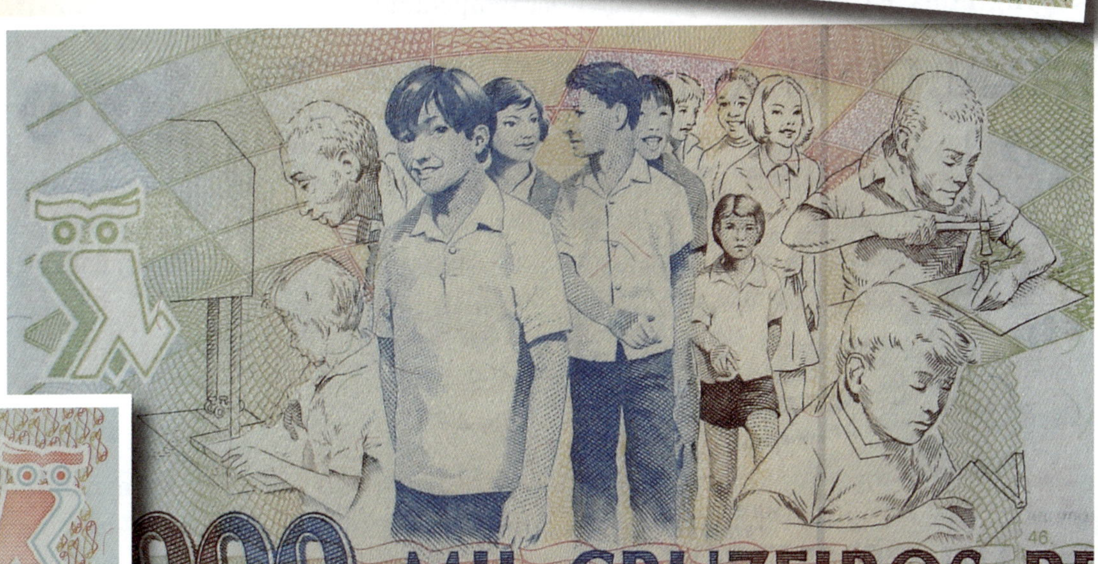

No reverso, um grupo de estudantes, cada qual com alguma especificidade, forma a alegoria da educação integral — um dos princípios mais caros a Anísio Teixeira. Uma coruja, símbolo da sabedoria e da experiência, indica o registro coincidente.

# Laço de um, vestido de outra

**GAÚCHO E BAIANA**

Vá ao Rio Grande do Sul e veja um gaúcho típico. Ou vá para Salvador e saiba "o quê que a baiana tem". Trata-se dos tipos característicos mais marcantes da população brasileira. Imortalizados em nossa literatura — o primeiro por Érico Veríssimo, a segunda por Jorge Amado —, ambos carregam pesada tradição.

A colonização do Rio Grande do Sul se iniciou de forma sólida a partir da Independência, em 1822, com a chegada dos alemães. Até aí, só o litoral havia sido ocupado, pelos portugueses, e a pecuária era a principal atividade econômica da região. Embora o termo "gaúcho" seja utilizado para os habitantes do Rio Grande do Sul em geral, essa persona pode ser encontrada em toda a região dos pampas, entre o Uruguai e a Argentina. É caracterizado pela valentia, temperamento passional e forte apego aos costumes.

Já a Bahia foi a porta de entrada dos colonos portugueses, que aportaram em Santa Cruz de Cabrália em 1500. A cultura da cana-de-açúcar, produto altamente requisitado na Europa, impulsionou o desenvolvimento da região. As baianas surgiram a partir das escravas trazidas da África, principalmente de Guiné Bissau, Moçambique, Angola e Sudão. Fortemente ligadas ao Candomblé, vestem-se de branco, com longas saias rodadas, e se identificam com duas das mais famosas iguarias da culinária local: o vatapá e o acarajé.

Homenagens a tipos brasileiros andavam comum nas moedas do dinheiro nacional. Em 1993, a idéia vingou na cédula de 5.000 cruzeiros reais, que trazia, no anverso, um gaúcho quase de perfil. Como se convém pensar, esse gaúcho em questão tem olhar firme e bigodes fartos, mas não barba. Está com um chapéu de feltro, de abas largas, preso ao queixo pelo barbicacho (um laço de couro). Dá para se notar também o lenço no pescoço do homenageado.

Sua formação social é representada pela estampa do interior e da fachada de um Patrimônio da Humanidade — a Igreja São Miguel das Missões, no Rio Grande do Sul. E seu produto mais característico, o chimarrão, é figurativamente exposto, por meio de um galho de erva-mate (que "cresce" por trás da igreja), da chaleira, da cuia e da bomba com as quais se obtém o produto.

O reverso traz o gaúcho a cavalo, laço a mão, na captura do gado. Objetos de seu uso comum — como as boleadeiras, o relho, a guampa e as esporas — expandem as noções sobre o dia-a-dia do gaúcho. A nota de 5.000 cruzeiros reais foi a primeira do dinheiro nacional a estampar o reverso na vertical.

As baianas, símbolos de Salvador, foram homenageadas de forma alegre e mística na nota de 50 mil cruzeiros reais. De branco, com trajes típicos e um agradável sorriso no rosto, a personagem metonímica da efígie está associada a funções como a venda de amuletos e a culinária, explicitamente o acarajé (no reverso).

Quatro anos antes, as baianas já haviam sido homenageadas no dinheiro nacional, por meio da moeda de 50 cruzeiros.

# A beleza em queda d'água

**CATARATAS DO IGUAÇU**

Está liberado para visitação apenas 0,3% do Parque Nacional do Iguaçu — uma das maiores reservas florestais da América do Sul, com 225 mil hectares. Mas essa pequena área pública já possibilita a contemplação das belíssimas quedas d'água chamadas Cataratas do Iguaçu. Em visita ao Brasil, a primeira-dama Eleanor Roosevelt, dos EUA, gostou tanto das cataratas que teria dito: "Pobre Niágara".

Dependendo do volume do rio, o número de quedas isoladas varia entre 150 e 270, a uma altura média de 65 metros. A largura das cataratas — quase três quilômetros — também impressiona. De seus 19 grandes saltos, há três situados no lado brasileiro: Floriano, Deodoro e Benjamin Constant. Em 1986, por conta das belezas naturais e das propriedades ecológicas, o Parque Nacional do Iguaçu foi tombado pela Unesco. Dessa forma, converteu-se em Patrimônio Mundial da Humanidade.

A nota de 100 mil cruzeiros — que depois passou a valer 100 cruzeiros reais — traz no reverso uma reprodução das Cataratas do Iguaçu. A expressão "meio ambiente" aparece dezenas de vezes no fluxo d'água. Mas, além do aspecto ambiental, destaca-se a aliança sul-americana, por meio da fronteira Brasil-Argentina. Pelo fato de a maioria dos saltos estar no lado argentino, a melhor visão das Cataratas é no Brasil.

No anverso, em representação clássica, um beija-flor alimenta os filhotes no ninho. Sua plumagem ornava a maior parte da representação, cujo contorno foi feito com as palavras "desenvolvimento" e "meio ambiente". Uma estilização também de "desenvolvimento" faz a palavra aparecer várias vezes, de forma sutil, na barriga do beija-flor maior. O registro coincidente é indicado pela estilização de uma borboleta.

# Do cerrado para onde?

**TAMANDUÁ E LOBO-GUARÁ**

Em 1992, o Ibama publicou a lista oficial de espécies em extinção no Brasil. Dois animais típicos do cerrado, pacíficos, de hábitos noturnos e porte médio, foram considerados ameaçados: o tamanduá-bandeira e o lobo-guará. A causa era a mesma: diminuição da área do habitat da espécie. Outros fatores agravaram a situação. O tamanduá tem gestações lentas e espaçadas, gerando apenas um filhote por vez. Já o logo-guará é exterminado por populações rurais que o consideram predador de galinhas.

Por comer até 30 mil insetos por dia, preferindo formigas ou cupins, o tamanduá-bandeira é um animal indispensável ao equilíbrio ecológico de onde vive. Sua cauda é um tufo de pêlos quase do mesmo tamanho do corpo, de formato semelhante a uma bandeira. Encontrada em cerrados e florestas da América do Sul, a espécie chega a viver 25 anos, pode medir 1,20 metro de comprimento e pesar até 30 quilos.

O lobo-guará, maior canídeo da América do Sul e um dos animais mais elegantes do cerrado, é tímido e solitário. Pacífico, evita brigas com outros guarás e confrontos com outras espécies. Devido a depredação de seu habitat, pode procurar galinheiros durante o período reprodutivo para complementar sua dieta, embora não tenha predileção por galinhas. Atualmente, está reduzido a poucas centenas de animais no Centro-Oeste e já desapareceu de algumas regiões onde era achado com facilidade.

O cruzeiro real consolidou a presença da fauna brasileira entre os temas homenageados no dinheiro nacional. As moedas de 10 e 100 cruzeiros reais — que circularam entre 1993 e 1994 — apresentam, respectivamente, o tamanduá-bandeira e o lobo-guará. Com isso, ganhou destaque a luta dos movimentos ecológicos pela preservação da fauna sul-americana, já que essas duas espécies, típicas do continente, estão em extinção.

# Capítulo 8

# Real R$

# A conquista da estabilidade

**CRUZEIRO NOVO**
**Período**
desde 01/07/1994
**Inflação do período**
266,49% (até fevereiro de 2006)
**Salário mínimo em 01/07/1994**
R$ 64,79
**Salário mínimo em 01/04/2006**
R$ 350,00

Exatamente na metade de 1994, entrou em circulação o real — nono padrão monetário brasileiro, vigente e relativamente estável até os dias de hoje. A exemplo do cruzado, lançado oito anos antes, o real teve nítidos efeitos políticos, ao potencializar a candidatura de Fernando Henrique Cardoso nas eleições de 1994. Três meses após a introdução da unidade monetária, FHC — que fora ministro do Planejamento e da Fazenda no governo Itamar Franco — elegeu-se presidente da República ainda no primeiro turno.

Por ocasião dos dez anos do real, completados em 1º de julho de 2004, ocorreram muitos eventos e debates sobre o sucesso da moeda. Independentemente dos aperfeiçoamentos de que a moeda brasileira necessita, a comemoração em torno de sua década de vida parece justificável. Se somarmos o tempo de vigência dos quatro padrões monetários anteriores ao real — ou seja, o cruzado, o cruzado novo, o cruzeiro e o cruzeiro real —, totalizaremos pouco mais do que oito anos.

Mais do que superá-los em termos de circulação, o real fez história. É a moeda de uma geração desacostumada com o fantasma inflacionário. Criada no último ano do governo Itamar Franco, equivalia a 2.750 cruzeiros reais — a mais discrepante conversão da história brasileira. Sua história parte de quatro documentos oficiais: as medidas provisórias 434 (27/02/1994) e 542 (30/06/1994) e as leis 8.880 (27/05/1994) e 9.069 (29/06/1995). O processo de implantação teve duas fases: na primeira, o governo promoveu um ajuste fiscal, ao qual sobreveio o Fundo Social de Emergência; numa segunda fase, a URV (Unidade Real de Valor) foi adotada como um padrão de medida no sistema de preços, nas operações financeiras, na conversão de tarifas e preços públicos, até atingir as políticas monetária e cambial.

Ao ser adotado, o real promoveu uma revolução: poucas vezes no mundo houve uma substituição em tamanha escala do meio circulante. Foram trocadas todas as notas e moedas em vigência no País. Com isso, a unidade monetária brasileira encerrou uma era de grande apuro estético. Nas cédulas, outra inovação foi o abandono temporário de temas político-históricos. A FAO, por sua vez, apareceu em moedas regulares de 10 e 25 centavos.

**1 CENTAVO**
**Anverso:** Efígie da República
**Reverso:** sem motivos temáticos
**Diâmetro:** 2,00cm
**Peso:** 2,96g
**Espessura:** 1,50mm
**Material:** aço inoxidável
**Órgão emissor:** Banco Central do Brasil
**Fabricante:** Casa da Moeda do Brasil
**Período de circulação:**
desde 01/07/1994
**Datas de cunhagem:** 1994, 95, 96 e 97

Saiba mais na página 180

**5 CENTAVOS**
**Anverso:** Efígie da República
**Reverso:** sem motivos temáticos
**Diâmetro:** 2,10cm
**Peso:** 3,27g
**Espessura:** 1,50mm
**Material:** aço inoxidável
**Órgão emissor:** Banco Central do Brasil
**Fabricante:** Casa da Moeda do Brasil
**Período de circulação:**
desde 01/07/1994
**Datas de cunhagem:** 1994, 95, 96 e 97

**10 CENTAVOS**
**Anverso:** Efígie da República
**Reverso:** sem motivos temáticos
**Diâmetro:** 2,20cm
**Peso:** 3,59g
**Espessura:** 1,50mm
**Material:** aço inoxidável
**Órgão emissor:** Banco Central do Brasil
**Fabricante:** Casa da Moeda do Brasil
**Período de circulação:**
desde 01/07/1994
**Datas de cunhagem:** 1994, 95, 96 e 97

**25 CENTAVOS**
**Anverso:** Efígie da República
**Reverso:** sem motivos temáticos
**Diâmetro:** 2,35cm
**Peso:** 4,78g
**Espessura:** 1,70mm
**Material:** aço inoxidável
**Órgão emissor:** Banco Central do Brasil
**Fabricante:** Casa da Moeda do Brasil
**Período de circulação:**
desde 30/09/1994
**Datas de cunhagem:** 1994 e 95

**50 CENTAVOS**
**Anverso:** Efígie da República
**Reverso:** sem motivos temáticos
**Diâmetro:** 2,30cm
**Peso:** 3,92g
**Espessura:** 1,50mm
**Material:** aço inoxidável
**Órgão emissor:** Banco Central do Brasil
**Fabricante:** Casa da Moeda do Brasil
**Período de circulação:**
desde 01/07/1994
**Datas de cunhagem:** 1994 e 95

**1 REAL**
**Anverso:** Efígie da República
**Reverso:** sem motivos temáticos
**Diâmetro:** 2,40cm
**Peso:** 4,27g
**Espessura:** 1,50mm
**Material:** aço inoxidável
**Órgão emissor:** Banco Central do Brasil
**Fabricante:** Casa da Moeda do Brasil
**Período de circulação:**
01/07/1994 a 23/12/2003
**Datas de cunhagem:** 1994

**10 CENTAVOS**
**Anverso:** FAO
**Reverso:** sem motivos temáticos
**Diâmetro:** 2,20cm
**Peso:** 3,59g
**Espessura:** 1,50mm
**Material:** aço inoxidável
**Órgão emissor:** Banco Central do Brasil
**Fabricante:** Casa da Moeda do Brasil
**Período de circulação:**
desde 31/05/1995
**Datas de cunhagem:** 1995

**25 CENTAVOS**
**Anverso:** FAO
**Reverso:** sem motivos temáticos
**Diâmetro:** 2,35cm
**Peso:** 4,78g
**Espessura:** 1,70mm
**Material:** aço inoxidável
**Órgão emissor:** Banco Central do Brasil
**Fabricante:** Casa da Moeda do Brasil
**Período de circulação:**
desde 31/05/1995
**Datas de cunhagem:** 1995

Saiba mais na página 228

A partir de 1998, as moedas voltaram a ser cunhadas com referências a personalidades históricas, como Tiradentes e Barão do Rio Branco. Foi no mesmo ano que surgiu a moeda de 1 real tendo como tema os direitos humanos. O ex-presidente Juscelino Kubitschek recebeu homenagem em 2002, e os 40 anos do Banco Central do Brasil foram celebrados em 2005.

**1 CENTAVO**
**Anverso:** Pedro Álvares Cabral
**Reverso:** Símbolos nacionais
**Diâmetro:** 1,70cm
**Peso:** 2,43g
**Espessura:** 1,65mm
**Material:** aço revestido de cobre
**Órgão emissor:** Banco Central do Brasil
**Fabricante:** Casa da Moeda do Brasil
**Período de circulação:** desde 01/07/1998
**Datas de cunhagem:** 1998, 99, 2000, 2001, 2002, 2003, 2004...

Saiba mais nas páginas 216 e 180

**5 CENTAVOS**
**Anverso:** Tiradentes
**Reverso:** Símbolos nacionais
**Diâmetro:** 2,20cm
**Peso:** 4,10g
**Espessura:** 1,65mm
**Material:** aço revestido de cobre
**Órgão emissor:** Banco Central do Brasil
**Fabricante:** Casa da Moeda do Brasil
**Período de circulação:** desde 01/07/1998
**Datas de cunhagem:** 1998, 99, 2000, 2001, 2002, 2003, 2004, 2005...

Saiba mais nas páginas 166 e 180

**10 CENTAVOS**
**Anverso:** Dom Pedro I
**Reverso:** Símbolos nacionais
**Diâmetro:** 2,00cm
**Peso:** 4,80g
**Espessura:** 2,23mm
**Material:** aço revestido de bronze
**Órgão emissor:** Banco Central do Brasil
**Fabricante:** Casa da Moeda do Brasil
**Período de circulação:** desde 01/07/1998
**Datas de cunhagem:** 1998, 99, 2000, 2001, 2002, 2003, 2004, 2005...

Saiba mais nas páginas 92 e 180

**25 CENTAVOS**
**Anverso:** Marechal Deodoro
**Reverso:** Símbolos nacionais
**Diâmetro:** 2,50cm
**Peso:** 7,55g
**Espessura:** 2,25mm
**Material:** aço revestido de bronze
**Órgão emissor:** Banco Central do Brasil
**Fabricante:** Casa da Moeda do Brasil
**Período de circulação:** desde 01/07/1998
**Datas de cunhagem:** 1998, 99, 2000, 2001, 2002, 2003, 2004, 2005...

Saiba mais nas páginas 144 e 180

**50 CENTAVOS**
**Anverso:** Barão do Rio Branco
**Reverso:** Símbolos nacionais
**Bordo:** Inscrições "BRASIL" e "ORDEM E PROGRESSO"
**Diâmetro:** 2,30cm
**Peso:** 9,25g
**Espessura:** 2,85mm
**Material:** cuproníquel
**Órgão emissor:** Banco Central do Brasil
**Fabricante:** Casa da Moeda do Brasil
**Período de circulação:** desde 01/07/1998
**Datas de cunhagem:** 1998, 2000, 2001, 2002, 2003, 2005...
**Obs.:** Em 2002, com a substituição do cuproníquel pelo aço inoxidável, o peso da moeda de 50 centavos caiu para 8,00g.

Saiba mais nas páginas 101 e 180

**1 REAL**
**Anverso:** Efígie da República
**Reverso:** Símbolos nacionais
**Diâmetro:** 2,70cm
**Peso:** 7,84g
**Espessura:** 1,95mm
**Material:** cuproníquel
**Órgão emissor:** Banco Central do Brasil
**Fabricante:** Casa da Moeda do Brasil
**Período de circulação:** desde 01/07/1998
**Datas de cunhagem:** 1998, 1999, 2002, 2003, 2004, 2005...
**Obs.:** Em 2002, com a redução na espessura para 1,86mm e também com a substituição dos materiais cuproníquel e alpaca por aço inoxidável e aço revestido de bronze, o peso da moeda de 1 real caiu para 7,00g.

Saiba mais na página 180

**1 REAL**
**Anverso:** Cinqüentenário dos Direitos Humanos
**Reverso:** Símbolos nacionais
**Diâmetro:** 2,70cm
**Peso:** 7,84g
**Espessura:** 1,95mm
**Material:** cuproníquel
**Órgão emissor:** Banco Central do Brasil
**Fabricante:** Casa da Moeda do Brasil
**Período de circulação:** desde 10/12/1998
**Datas de cunhagem:** 1998

Saiba mais nas páginas 228 e 180

**1 REAL**
**Anverso:** Juscelino Kubitschek
**Reverso:** Símbolos nacionais
**Diâmetro:** 2,70cm
**Peso:** 7,00g
**Espessura:** 1,86mm
**Material:** cuproníquel
**Órgão emissor:** Banco Central do Brasil
**Fabricante:** Casa da Moeda do Brasil
**Período de circulação:** desde 12/09/2002
**Datas de cunhagem:** 2002

Saiba mais nas páginas 224 e 180

**1 REAL**
**Anverso:** Banco Central do Brasil
**Reverso:** Símbolos nacionais
**Diâmetro:** 2,70cm
**Peso:** 7,00g
**Espessura:** 1,86mm
**Material:** cuproníquel
**Órgão emissor:** Banco Central do Brasil
**Fabricante:** Casa da Moeda do Brasil
**Período de circulação:** desde 23/09/2005
**Datas de cunhagem:** 2005

Saiba mais nas páginas 232 e 180

As notas lançadas (1, 5, 10, 50 e 100 reais) traziam, no reverso, a imagem de animais da fauna brasileira. O tema confirmou a ascensão dos movimentos ecológicos, em especial as Organizações Não-Governamentais (ONGs), cujas plataformas se multiplicaram na década de 1990. Uma cédula especial de 10 reais, feita de plástico, com a efígie de Pedro Álvares Cabral, entrou em circulação em 2000. Nos anos seguintes, surgiram a notas de 2 e 20 reais, reabilitando a temática ambiental.

**1 REAL**

**Anverso:** Efígie da República
**Reverso:** Beija-flor
**Dimensões:** 14,0cm x 6,5cm
**Órgão emissor:** Banco Central do Brasil
**Fabricante:** Casa da Moeda do Brasil
**Período de circulação:** desde 01/07/1994

**Obs.:** As cédulas de 1, 5 e 10 reais passaram por transformações em 1997. Para evitar a falsificação, medidas de segurança foram tomadas como a substituição da marca d'água – de efígie da República para bandeira do Brasil – e a retirada da fita de segurança. Em 2003, uma nova cédula de 1 real entrou em circulação. A principal novidade foi a inserção de "REPÚBLICA FEDERATIVA DO BRASIL" no lugar de "BANCO CENTRAL DO BRASIL", trecho que foi transferido para baixo da marca d'água do anverso.

Saiba mais nas páginas 180 e 234

## 2 REAIS

**Anverso:** Efígie da República
**Reverso:** Tartaruga marinha
**Dimensões:** 14,0cm x 6,5cm
**Órgão emissor:** Banco Central do Brasil
**Fabricante:** Casa da Moeda do Brasil
**Período de circulação:** desde 13/12/2001

**Saiba mais nas páginas 180 e 234**

## 5 REAIS

**Anverso:** Efígie da República
**Reverso:** Garça
**Dimensões:** 14,0cm x 6,5cm
**Órgão emissor:** Banco Central do Brasil
**Fabricante:** Casa da Moeda do Brasil
**Período de circulação:** desde 01/07/1994

**Saiba mais nas páginas 180 e 234**

**Obs.:** As mudanças de 1997 na cédula de 1 real foram acompanhadas pelas notas de 5 e 10 reais.

## 10 REAIS

**Anverso:** Efígie da República
**Reverso:** Arara
**Dimensões:** 14,0cm x 6,5cm
**Órgão emissor:** Banco Central do Brasil
**Fabricante:** Casa da Moeda do Brasil
**Período de circulação:** desde 01/07/1994

**Saiba mais nas páginas 180 e 234**

**Obs.:** As mudanças de 1997 na cédula de 1 real foram acompanhadas pelas notas de 5 e 10 reais.

## 20 REAIS

**Anverso:** Efígie da República
**Reverso:** Mico-leão-dourado
**Dimensões:** 14,0cm x 6,5cm
**Órgão emissor:** Banco Central do Brasil
**Fabricante:** Casa da Moeda do Brasil
**Período de circulação:** desde 27/06/2002

Saiba mais nas páginas 180 e 234

## 50 REAIS

**Anverso:** Efígie da República
**Reverso:** Onça pintada
**Dimensões:** 14,0cm x 6,5cm
**Órgão emissor:** Banco Central do Brasil
**Fabricante:** Casa da Moeda do Brasil e François-Charles Oberthur Fiduciaire (FRA)
**Período de circulação:** desde 01/07/1994

Saiba mais nas páginas 180 e 234

## 100 REAIS

**Anverso:** Efígie da República
**Reverso:** Garoupa
**Dimensões:** 14,0cm x 6,5cm
**Órgão emissor:** Banco Central do Brasil
**Fabricante:** Casa da Moeda do Brasil
**Período de circulação:** desde 01/07/1994

Saiba mais nas páginas 180 e 234

**10 REAIS**

**Anverso:** Pedro Álvares Cabral
**Reverso:** Mapa digitalizado e figuras humanas
**Dimensões:** 14,0cm x 6,5cm
**Órgão emissor:** Banco Central do Brasil
**Fabricante:** Casa da Moeda do Brasil
**Período de circulação:** desde 24/04/2000

Saiba mais na página 216

**Obs.:** É o segundo modelo desta cédula o que está impresso acima. No primeiro, a frase "DEUS SEJA LOUVADO" estava em azul, e o nome do navegante português aparecia abreviado – Pedro A. Cabral.

O real também foi uma unidade monetária repleta de moedas comemorativas com tiragem limitada, mas circulação regular. Em geral, cunhavam-se dois modelos com um tema em comum, que se diferenciavam na representação, no valor de face e no material (prata ou ouro). É o caso das homenagens a Ayrton Senna e Ary Barroso. Motivos inéditos, como uma centenária cidade brasileira e o futebol, passaram a aparecer no dinheiro nacional.

## 300 ANOS DA CASA DA MOEDA DO BRASIL

**2 REAIS**
**Anverso:** Casa da Moeda do Brasil
**Reverso:** Fabricação do dinheiro
**Diâmetro:** 4,0cm
**Peso:** 27,0g
**Espessura:** 2,60mm
**Material:** prata
**Órgão emissor:** Banco Central do Brasil
**Fabricante:** Casa da Moeda do Brasil
**Lançamento:** 04/10/1994
**Datas de cunhagem:** 1994

## 30 ANOS DO BANCO CENTRAL

**3 REAIS**
**Anverso:** Selo comemorativo
**Reverso:** Símbolo especial do Banco Central
**Diâmetro:** 2,8cm
**Peso:** 11,5g
**Espessura:** 2,10mm
**Material:** prata
**Órgão emissor:** Banco Central do Brasil
**Fabricante:** Casa da Moeda do Brasil
**Lançamento:** 31/03/1995
**Datas de cunhagem:** 1995

Saiba mais na página 232

# TETRACAMPEONATO MUNDIAL DE FUTEBOL

**20 REAIS**
**Anverso:** Conquista do troféu, gol e pavilhão nacional
**Reverso:** Gol
**Diâmetro:** 2,20cm
**Peso:** 8,0g
**Espessura:** 1,60mm
**Material:** ouro
**Órgão emissor:** Banco Central do Brasil
**Fabricante:** Casa da Moeda do Brasil
**Lançamento:** 10/02/1995
**Datas de cunhagem:** 1994

**4 REAIS**
**Anverso:** Conquista do troféu, gol e pavilhão nacional
**Reverso:** Gol
**Diâmetro:** 4,0cm
**Peso:** 27,0g
**Espessura:** 2,60mm
**Material:** prata
**Órgão emissor:** Banco Central do Brasil
**Fabricante:** Casa da Moeda do Brasil
**Lançamento:** 23/12/1994
**Datas de cunhagem:** 1994

Saiba mais na página 230

# HOMENAGEM A AYRTON SENNA

**20 REAIS**
**Anverso:** Ayrton Senna
**Reverso:** Autódromos, bandeiras e estatísticas
**Diâmetro:** 2,2cm
**Peso:** 8,0g
**Espessura:** 1,50mm
**Material:** ouro
**Órgão emissor:** Banco Central do Brasil
**Fabricante:** Casa da Moeda do Brasil
**Lançamento:** 04/12/1995
**Datas de cunhagem:** 1995

**2 REAIS**
**Anverso:** Ayrton Senna
**Reverso:** Senna, bandeiras e estatísticas
**Diâmetro:** 4,0cm
**Peso:** 27,0g
**Espessura:** 2,50mm
**Material:** prata
**Órgão emissor:** Banco Central do Brasil
**Fabricante:** Casa da Moeda do Brasil
**Lançamento:** 04/12/1995
**Datas de cunhagem:** 1995

Saiba mais na página 222

# CENTENÁRIO DE BELO HORIZONTE

**3 REAIS**
**Anverso:** Atrações de Belo Horizonte
**Reverso:** Horizonte
**Diâmetro:** 2,8cm
**Peso:** 11,5g
**Espessura:** 2,40mm
**Material:** prata
**Órgão emissor:** Banco Central do Brasil
**Fabricante:** Casa da Moeda do Brasil
**Lançamento:** 24/10/1997
**Datas de cunhagem:** 1997

Saiba mais na página 227

# 500 ANOS DE BRASIL

**20 REAIS**
**Anverso:** Adorno de penas e rosa dos ventos
**Reverso:** Mapa do Brasil
**Diâmetro:** 2,20cm
**Peso:** 8,0g
**Espessura:** 1,60mm
**Material:** ouro
**Órgão emissor**: Banco Central do Brasil
**Fabricante:** Casa da Moeda do Brasil
**Lançamento:** 27/10/2000
**Datas de cunhagem:** 2000

**5 REAIS**
**Anverso:** Adorno de penas e rosa dos ventos
**Reverso:** Índio e nau
**Diâmetro:** 4,0cm
**Peso:** 28,0g
**Espessura:** 2,60mm
**Material:** prata
**Órgão emissor:** Banco Central do Brasil
**Fabricante:** Casa da Moeda do Brasil
**Lançamento:** 27/10/2000
**Datas de cunhagem:** 2000

Saiba mais na página 216

# CENTENÁRIO DE JUSCELINO KUBITSCHEK

**20 REAIS**
**Anverso:** Juscelino Kubitschek
**Reverso:** Indústria de base e de energia
**Diâmetro:** 2,20cm
**Peso:** 8,0g
**Espessura:** 1,60mm
**Material:** ouro
**Órgão emissor:** Banco Central do Brasil
**Fabricante:** Casa da Moeda do Brasil
**Lançamento:** 12/09/2002
**Datas de cunhagem:** 2002

Saiba mais nas páginas 224 e 78

**2 REAIS**
**Anverso:** Juscelino Kubitschek
**Reverso:** Brasília
**Diâmetro:** 4,0cm
**Peso:** 28,0g
**Espessura:** 2,60mm
**Material:** prata
**Órgão emissor:** Banco Central do Brasil
**Fabricante:** Casa da Moeda do Brasil
**Lançamento:** 12/09/2002
**Datas de cunhagem:** 2002

Saiba mais nas páginas 224 e 108

# CENTENÁRIO DE CARLOS DRUMMOND DE ANDRADE

**20 REAIS**
**Anverso:** Carlos Drummond de Andrade
**Reverso:** Carlos Drummond de Andrade
**Diâmetro:** 2,20cm
**Peso:** 8,0g
**Espessura:** 1,60mm
**Material:** ouro
**Órgão emissor:** Banco Central do Brasil
**Fabricante:** Casa da Moeda do Brasil
**Lançamento:** 12/12/2002
**Datas de cunhagem:** 2002

**2 REAIS**
**Anverso:** Carlos Drummond de Andrade
**Reverso:** Carlos Drummond de Andrade
**Diâmetro:** 4,0cm
**Peso:** 28,0g
**Espessura:** 2,60mm
**Material:** prata
**Órgão emissor:** Banco Central do Brasil
**Fabricante:** Casa da Moeda do Brasil
**Lançamento:** 12/12/2002
**Datas de cunhagem:** 2002

Saiba mais na página 148

# PENTACAMPEONATO MUNDIAL DE FUTEBOL

**20 REAIS**
**Anverso:** Jogador
**Reverso:** Bola de futebol e Cruzeiro do Sul
**Diâmetro:** 2,20cm
**Peso:** 8,0g
**Espessura:** 1,60mm
**Material:** ouro
**Órgão emissor:** Banco Central do Brasil
**Fabricante:** Casa da Moeda do Brasil
**Lançamento:** 20/12/2002
**Datas de cunhagem:** 2002

**5 REAIS**
**Anverso:** Jogador e símbolos nacionais
**Reverso:** Gol
**Diâmetro:** 4,0cm
**Peso:** 28,0g
**Espessura:** 2,60mm
**Material:** prata
**Órgão emissor:** Banco Central do Brasil
**Fabricante:** Casa da Moeda do Brasil
**Lançamento:** 20/12/2002
**Datas de cunhagem:** 2002

Saiba mais na página 230

# CENTENÁRIO DE ARY BARROSO

**20 REAIS**
**Anverso:** Ary Barroso
**Reverso:** Música
**Diâmetro:** 2,20cm
**Peso:** 8,0g
**Espessura:** 1,50mm
**Material:** ouro
**Órgão emissor:** Banco Central do Brasil
**Fabricante:** Casa da Moeda do Brasil
**Lançamento:** 29/08/2003
**Datas de cunhagem:** 2003

**2 REAIS**
**Anverso:** Ary Barroso
**Reverso:** Ary Barroso e músicos
**Diâmetro:** 4,0cm
**Peso:** 27,0g
**Espessura:** 2,50mm
**Material:** prata
**Órgão emissor:** Banco Central do Brasil
**Fabricante:** Casa da Moeda do Brasil
**Lançamento:** 29/08/2003
**Datas de cunhagem:** 2003

Saiba mais na página 220

# CENTENÁRIO DE CÂNDIDO PORTINARI

**2 REAIS**
**Anverso:** Cândido Portinari
**Reverso:** Pintura social
**Diâmetro:** 4,0cm
**Peso:** 27,0g
**Espessura:** 2,50mm
**Material:** prata
**Órgão emissor:** Banco Central do Brasil
**Fabricante:** Casa da Moeda do Brasil
**Lançamento:** 18/12/2003
**Datas de cunhagem:** 2003

Saiba mais na página 130

# CENTENÁRIO DA FIFA

**20 REAIS**
**Anverso:** Rio de Janeiro e bolas de futebol
**Reverso:** Bola de futebol
**Diâmetro:** 2,20cm
**Peso:** 8,0g
**Espessura:** 1,50mm
**Material:** ouro
**Órgão emissor:** Banco Central do Brasil
**Fabricante:** Casa da Moeda do Brasil
**Lançamento:** 30/01/2004
**Datas de cunhagem:** 2004

**2 REAIS**
**Anverso:** Bandeira do Brasil e bolas de futebol
**Reverso:** Gol
**Diâmetro:** 4,0cm
**Peso:** 27,0g
**Espessura:** 2,50mm
**Material:** prata
**Órgão emissor:** Banco Central do Brasil
**Fabricante:** Casa da Moeda do Brasil
**Lançamento:** 30/01/2004
**Datas de cunhagem:** 2004

Saiba mais na página 230

# O herói do Ocidente

Apesar de existir um padrão de imagem que se convencionou associar a Pedro Álvares Cabral, nenhuma de suas caracterizações pode ser considerada 100% autêntica. A representação mais próxima de seu rosto está na fachada do Mosteiro dos Jerônimos, em Portugal, onde estão talhados quatro bustos. Três deles, virados para leste, referem-se aos "heróis do Oriente". O único na direção oeste é o que se atribui a Cabral — no caso, o "herói do Ocidente".

Quando Cabral se deparou com o que viria a ser chamado de Brasil, já estava no mar havia 43 dias, à frente de aproximadamente 1.500 homens, em 13 navios, que compunham a expedição pelo Oceano Atlântico. A identificação do Monte Pascal, em 22 de abril de 1.500, marca a data oficial do "descobrimento" do País. Com isso, o nome de Cabral entrou para a História, como um grande navegador, no patamar de seus conterrâneos Vasco da Gama e Bartolomeu Dias.

Depois do Brasil, Cabral retomou a rota original da expedição, com destino às Índias. Seu retorno a Portugal ocorreu em julho de 1501. A Corte lusitana cogitou enviá-lo para uma nova empreitada, mas Vasco da Gama foi escolhido para chefiá-la. Os últimos anos de vida de Cabral foram marcados por um completo afastamento da vida pública. Ele chegou a se desligar oficialmente da Corte — e assim permaneceu até morrer, provavelmente aos 53 anos.

A mais antiga personalidade retratada em cédulas e moedas brasileiras é exatamente o "descobridor" do Brasil. Historiadores afirmam, hoje em dia, que não se tratou exatamente de uma "descoberta", pois Portugal já tinha conhecimento das terras onde Cabral desembarcou — e que, segundo o Tratado de Tordesilhas, assinado em 1492, pertenciam à metrópole lusitana. Desse modo, fica descartada a tese do "desvio involuntário de rota", segundo a qual a esquadra cabralina errou o percurso às Índias e assim chegou ao Novo Mundo.

A polêmica, além de não reduzir o feito de Cabral, nunca o impediu de receber homenagens ao longo do tempo. Ele aparece na nota de 1.000 cruzeiros, que foi lançada em 1943 e passou a valer 1 cruzeiro novo em 1967. Uma versão da cédula original já havia entrado em circulação no ano de 1949. Com a barba longa e o cabelo penteado à moda da época, Cabral parece fitar o horizonte, o que remete ao "descobrimento" de 1500. A homenagem foi uma forma de Getúlio Vargas valorizar os heróis do Brasil (ainda que Cabral tenha nascido em Portugal).

O reverso é predominantemente preenchido com *Primeira Missa do Brasil*, de Victor Meirelles — o quadro mais reproduzido na história do dinheiro nacional. Rezada em 26 de abril de 1500 por Frei Henrique de Coimbra, a primeira missa em território nacional aconteceu no Ilhéu da Coroa Vermelha, no litoral sul da Bahia.

O real tornou duas vezes a homenagear Cabral. Primeiro, em 1998, na cada vez menos utilizada moeda de 1 centavo, onde ele é representado ao lado de uma caravela.

Por fim, na nota especial de 10 reais, feita de plástico e lançada em 2000 — quando o "descobrimento" completou 500 anos. A efígie do homenageado aparece em meio a imagens do Brasil em 1500 e de peças de navegação, como mapas e cartas náuticas.

No reverso, vários brasileiros são estampados, mas com destaque, na parte central, para os índios — únicos a serem retratados de pé.

Duas moedas comemorativas, de 5 e 20 reais, foram lançadas também em 2000. A homenagem, desta vez, foi para o "descobrimento", como podemos notar em seus anversos. O encontro de duas culturas está representado pelo adorno de penas (índios) e pela rosa-dos-ventos (navegantes portugueses da época).

Esses dois símbolos reaparecem no reverso da moeda de 5 reais. Os motivos centrais, de todo modo, remetem ao momento da "descoberta", com um índio avistando uma das capitâneas comandadas por Cabral.

Na moeda de 20, o reverso traz um mapa atual do País, sobre o qual foi cunhada a logomarca oficial dos 500 Anos. Muitas folhas ladeiam o mapa, para ostentar as riquezas naturais brasileiras.

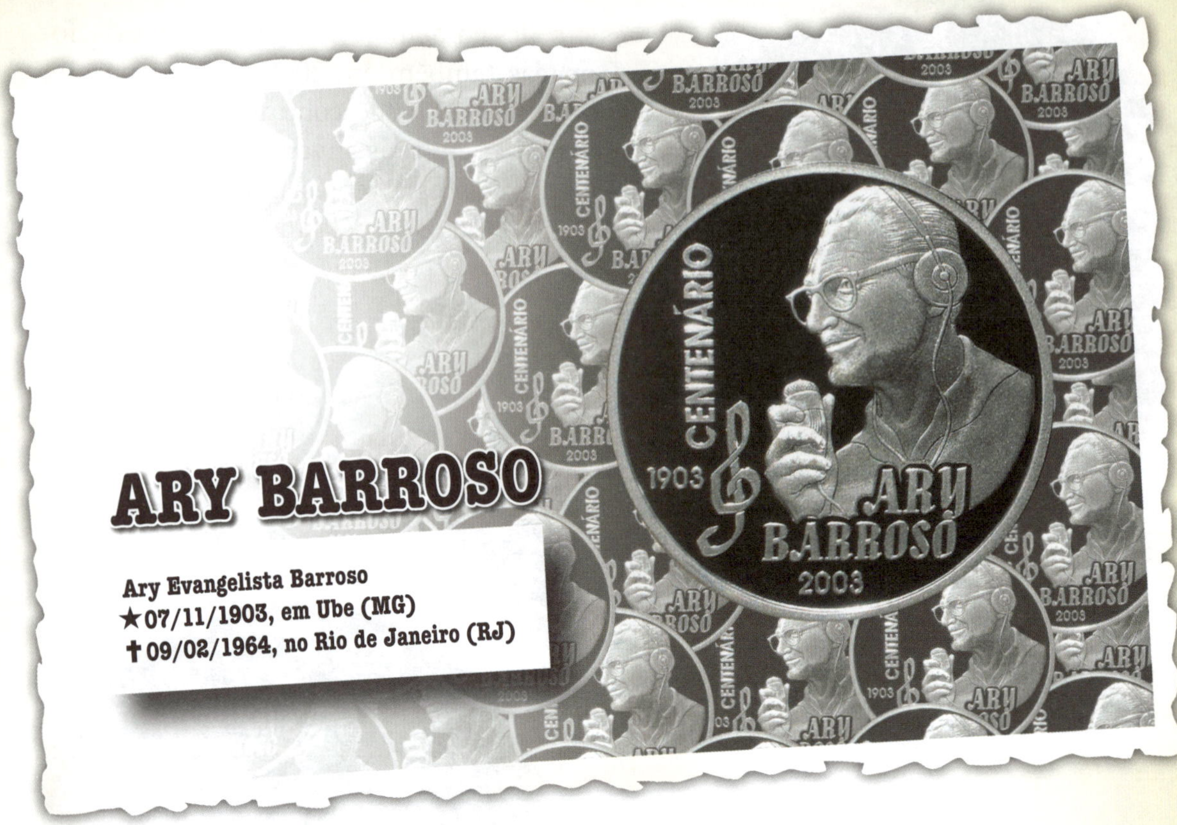


# O Brasil numa aquarela

Muitas foram as ocupações de Ary Barroso — bacharel em Direito, cronista de jornal, vereador, compositor de trilhas, pianista, locutor de rádio e TV, comentarista esportivo e... flamenguista. Era um torcedor tão apaixonado que fazia intervenções pouco imparciais quando seu trabalho envolvia o time rubro-negro.

Ary ficou órfão aos 7 anos. A tia o fez aprender piano, e ele, ainda criança, ajudava na renda da família executando a trilha sonora de filmes mudos. Com 17 anos, recebeu uma herança de 40 contos de réis e decidiu morar no Rio de Janeiro, para fazer faculdade de Direito. Liquidou a herança em pouco tempo, gastando em roupas, restaurantes e mulheres. Só pôde completar a faculdade porque fazia bicos como músico.

Foi nessa época também que ele começou a compor. Em 1932, depois de diversas parcerias e alguns prêmios por suas músicas, foi convidado a trabalhar na Rádio Philips como pianista, mas logo se tornou locutor. Em programas de calouros comandados por ele, revelou artistas como Ângela Maria, Lúcio Alves e Elza Soares. Após o golpe que instituiu o Estado Novo, em 1937, Ary compôs *Aquarela do Brasil*, o primeiro samba-exaltação e uma das músicas brasileiras mais tocadas no mundo.

Anos antes de morrer, de cirrose, o sambista passou também pela política. Em 1946, foi eleito vereador no Rio de Janeiro, sendo o segundo mais votado, atrás apenas de Carlos Lacerda. A principal realização do período foi definir o local, na Zona Norte, onde se situa hoje o estádio Maracanã — a primeira opção era a restinga de Jacarepaguá, local impopular, segundo uma pesquisa que Ary encomendou.

Com o passar do tempo, a criação superou o criador — e *Aquarela do Brasil*, ao contrário de Ary Barroso, ganhou o mundo. Mesmo utilizada a serviço do Estado Novo, a exaltação do "Brasil brasileiro" é considerada, por muitos críticos, como a mais importante música nacional. Uma versão em inglês, chamada apenas *Rio de Janeiro*, chegou a concorrer, na década de 1940, ao Oscar de melhor canção.

As duas homenagens que Ary recebeu no dinheiro nacional, em 2003, foram em moedas comemorativas do centenário de seu nascimento. A de 2 reais, no anverso, mostra o compositor em seu piano, tocando junto a outros músicos. Na outra face, o autor de *Na Baixa do Sapateiro* é representado com fone de ouvido e microfone (veja na página anterior).

A efígie na moeda de 20 reais é mais chamativa. Com destaque para o enorme nariz e para a curvatura da cabeça, a imagem de Ary Barroso é ambígua. Ele parece ora concentrado e triste, ora ranzinza e antipático. Menos controversa é a outra face da moeda, com motivos musicais.

# A alegria das manhãs de domingo

A paixão pelo automobilismo surgiu muito cedo em Ayrton Senna. Do primeiro kart, aos 4 anos, ao título de campeão paulista na categoria júnior, passou apenas uma década. Em seguida vieram as conquistas de títulos brasileiros e sul-americanos, ainda correndo de kart. O jovem piloto se mudou, então, para a Inglaterra, onde começou a mostrar ao mundo seu talento — inicialmente na Fórmula Ford, depois na Fórmula 3 inglesa.

A estréia na Fórmula 1, aos 23 anos, aconteceu em 1984. Com competência, carisma, profissionalismo e ousadia, Senna começou a se destacar entre os pilotos, obtendo pole positions, vitórias e títulos. Venceu as edições de 1988, 1990 e 1991, igualando o tricampeonato de Nelson Piquet. Nem os principais rivais, como Alain Prost e Nigel Mansell, escondiam a admiração pelo brasileiro. Com Senna, até quem não gostava de automobilismo passou a acordar cedo aos domingos para acompanhar as corridas.

Foi num desses domingos que os brasileiros assistiram pela TV, ao vivo, à morte de Ayrton Senna. Em 1º de maio de 1994, no Grande Prêmio de Ímola, o brasileiro perdeu o controle de seu carro e bateu a 270km/h. Depois de quatro horas de desespero, transmitidas pela TV, a morte de Ayrton Senna foi confirmada. Cerca de 100 mil pessoas foram lhe prestar homenagem durante o velório, realizado na Assembléia Legislativa de São Paulo, e mais de 250 mil acompanharam o cortejo pelas ruas. A Fórmula 1, depois da tragédia em Ímola, passou por mudanças que tornaram a competição mais segura.

Ídolo de uma geração mais acostumada com fracassos do País nos esportes, Ayrton Senna foi tema, em 1995, de duas moedas comemorativas. Uma e outra recordavam as estatísticas do piloto — 161 corridas disputadas, 65 pole positions e 41 vitórias, além dos três títulos. Inauguraram a tradição, dentro do real, de homenagear grandes nomes em diferentes áreas de atuação.

A moeda de 2 reais trazia, de um lado, a efígie de Senna (veja na página anterior) e, de outro, a representação de um carro de Fórmula 1 em movimento, sob a bandeira do Brasil — que o piloto costumava hastear a cada vitória.

Na moeda de 20 reais, a efígie era a mesma, e a bandeira brasileira também aparecia. Mas, no lugar do carro, estampavam-se os circuitos de Interlagos (no Brasil, vencido por Senna duas vezes) e de Mônaco (onde o brasileiro era chamado de "rei", por suas seis vitórias no autódromo).

# Em ritmo de Bossa Nova

A trajetória de Juscelino Kubitschek na vida pública foi de ininterrupta evolução, desde 1934, quando assumiu o cargo de deputado federal por Minas Gerais, até 1956, quando chegou à Presidência da República. Em meio disso, ocupou a prefeitura de Belo Horizonte e o governo mineiro, sempre obtendo destaque, graças ao carisma e à competência administrativa.

No auge da popularidade, entre 1956 e 1960, JK fez uma gestão histórica e foi chamado de "presidente bossa-nova". Sob o slogan "50 anos em cinco", esse período foi marcado, principalmente, pelo crescimento (sobretudo da indústria) e pela diversificação dos investimentos na economia. A implantação do Plano de Metas levou avanços a setores como energia, transporte, alimentação e educação. A produção industrial brasileira praticamente dobrou, atingindo em certas áreas crescimento de 380% (comunicações) e até 600% (equipamentos de transporte). Nas áreas mais urbanizadas do Brasil, os eletrodomésticos passaram a fazer parte do dia-a-dia do povo. Na televisão, os festivais de música tiveram impulso e se tornaram muito populares.

O desenvolvimento, por outro lado, teve um custo altíssimo, devido à presença maciça de capital estrangeiro. Como conseqüência, a dívida externa disparou. Os trabalhadores também tiveram perdas, sofrendo com o arrocho salarial e com processos inflacionários. O Plano de Estabilização Monetária, lançado em 1958, durou apenas até junho de 1959 — mesmo mês em que o Brasil rompeu com o FMI, por discordar das metas sugeridas para a estabilização.

A euforia moderna e desenvolvimentista estimulou um antigo sonho: transferir a capital federal do Rio de Janeiro para o Planalto Central, em Goiás. A construção de Brasília levou 42 meses e foi um marco na história da arquitetura mundial. Em 21 de abril de 1960, Juscelino comandou a inauguração do novo Distrito Federal, com a presença de diversas autoridades políticas e chefes de Estado.

Após deixar o cargo, o político mineiro se elegeu senador, com vistas a uma nova candidatura à Presidência dentro de cinco anos. O golpe militar de 1964 acabou com suas pretensões políticas, já que JK teve os direitos políticos cassados e precisou se exilar em Nova Iorque e Paris. De volta ao Brasil, faleceu em um trágico acidente de automóvel na Via Dutra, no ano de 1976.

Vista grossa para o social e desequilíbrio na política econômica são algumas contradições da gestão presidencial de JK, um dos políticos mais populares da História do Brasil. Com a redemocratização, sua imagem foi vinculada às idéias de modernidade, desenvolvimento econômico, progresso e — por que não? — esperança. Daí que, já em 1985, nos primeiros meses do governo Sarney, foi lançada a nota de 100 mil cruzeiros, que homenageia Juscelino.

A efígie, no anverso, alia austeridade e carisma, com base numa fotografia oficial. Ao lado dela, aparece uma alegoria das realizações do governo JK nas áreas rodoviárias e energéticas.

O reverso tem como motivos o Congresso, o Catetinho e o Palácio da Alvorada — três das mais famosas construções de Brasília. Com a reforma monetária de 1986, a cédula em questão passou a valer 100 cruzados.

Em 2002, no último ano de seu segundo mandato presidencial, o presidente Fernando Henrique Cardoso (FHC) lançou três moedas com alusão ao centenário do nascimento de Juscelino Kubitschek, duas delas com tiragem restrita: a de 2 reais (que lembrava Brasília) e a de 20 reais (que destacava os êxitos de JK no setor industrial, sobretudo nas energéticas). A moeda regular de 1 real privilegiava a efígie do "presidente bossa-nova".

Não era a primeira vez que FHC recorria a esse apelo. Em campanha a presidente, durante as eleições de 1994, o então candidato do PSDB destacava cinco pontos de seu programa, por meio dos dedos de uma mão aberta. Cinco também eram as prioridades do Plano de Metas de JK.

# Pioneirismo entre as capitais

**BELO HORIZONTE**

A inauguração de Belo Horizonte (BH), em 12 de dezembro de 1897, tinha importância política e econômica, mas também se revestia de simbolismo. No final do século 19, Ouro Preto, capital de Minas Gerais, estava impregnada de resquícios do passado colonial, como igrejas barrocas, senzalas e ruelas. Era preciso construir uma capital planejada — a primeira do gênero no Brasil.

Essa idéia surgiu durante o Segundo Reinado, mas ganhou força só depois da proclamação da República, durante a década de 1890. Os republicanos acreditavam que a criação de Belo Horizonte representaria a modernidade e destacaria Minas Gerais entre os estados. Ao ser inaugurada, por decreto, a capital mineira ainda estava incompleta — o País enfrentava uma crise econômica, e parte das obras teve de ser paralisada.

Concebido para as elites, o projeto não previa bairros para moradia de operários. Mas a batalha pela inclusão social foi sempre presente na história na cidade. Nas décadas de 1920 e 1930, BH se tornou um pólo cultural, com a construção de vários cinemas. Além disso, era em botequins da cidade que parte da primeira geração de modernistas, da qual fez parte Carlos Drummond de Andrade, reunia-se para discutir arte.

Entre 1940 e 1960, a cidade ganhou o Complexo Arquitetônico da Pampulha, e o processo de industrialização se intensificou. O principal responsável por essas transformações foi o prefeito Juscelino Kubitscheck. A década seguinte foi marcada pela destruição de prédios históricos para dar lugar a arranha-céus. Já no fim do século 20, vários edifícios foram tombados, e um plano diretor passou a controlar o crescimento da capital.

O centenário de Belo Horizonte, em 1997, foi tema da moeda comemorativa de 3 reais. Anverso e reverso destacavam a amplitude da capital mineira, valorizando seu patrimônio histórico e cultural. A igreja de São Francisco, o Viaduto de Santa Tereza e a Serra do Curral são os motivos cunhados na moeda. Outro destaque foi para as montanhas e para o céu da cidade, numa alusão à sua beleza natural.

# Iniciativas para um mundo mais justo

**DIREITOS HUMANOS E FAO**

Em 10 de dezembro de 1948, a Organização das Nações Unidas (ONU) proclamou, em Assembléia Geral, a Declaração Universal dos Direitos Humanos. O mundo se encontrava recém-saído da II Guerra Mundial, e uma das prioridades era a proteção aos direitos humanos, a fim de evitar novas atrocidades como o holocausto e promover o desenvolvimento de relações amistosas entre as nações.

Com base na Declaração Universal, criou-se no mesmo ano a Comissão das Nações Unidas para os Direitos Humanos. Em todo o planeta existem relatores dotados de notório saber nessa área, preparados para auxiliar a ONU a combater problemas como prostituição infantil, violência contra a mulher, xenofobia, discriminação racial, tortura e execuções extrajudiciais, entre outros.

A Corte Internacional de Justiça, sediada em Haia, na Holanda, é o principal órgão judiciário da ONU. Qualquer país que seja membro das Nações Unidas pode recorrer ao tribunal. Seus princípios gerais são baseados nos tratados e convenções em vigor, entre eles a Declaração Universal dos Direitos Humanos.

A Organização da ONU para a Agricultura e a Alimentação (FAO, na sigla em inglês) foi criada em 1945 com o intuito de liberar a humanidade da fome. A cada cinco anos, a FAO promove uma Conferência Mundial com todos os chefes de governo dos países-membros. O órgão, atualmente, trabalha em projetos de longo prazo. Suas prioridades vêm sendo estudar e fornecer planos para o combate à fome em todo o planeta.

Historicamente, os quatro objetivos principais da FAO são os seguintes: a) elevar os níveis de vida e de nutrição dos povos sob sua jurisdição; b) melhorar o rendimento da produção e a eficácia da distribuição dos produtos agrícolas e dos alimentos em geral; c) melhorar as condições das populações rurais; d) contribuir para a expansão da economia mundial.

As moedas com referências à FAO e aos direitos humanos são meios pelos quais o Brasil legitima e apóia os esforços da ONU por um mundo melhor. Tal escrita começou em 1975, ao se lançarem três moedas (1, 2 e 5 centavos de cruzeiros) representando a FAO e simbolizando a luta contra a fome no mundo.

Uma década depois, a agência das Nações Unidas reapareceu como tema, nas moedas de 1 e 5 cruzeiros, nas quais se cunharam, respectivamente, uma representação do açúcar (cana) e do café. Surgiu também a inscrição "Alimento para todos", baseada numa campanha desenvolvida pela ONU.

Em 1995, ao completar 50 anos, a FAO é novamente representada, em moedas de 10 e 25 centavos de real. Em ambas, a alegoria do ato de colher é legendada com a já consagrada inscrição "Alimento para todos".

O real também homenageou a luta pelos direitos universais, tema da moeda de 1 real cunhada em 1998, em comemoração ao cinqüentenário da Declaração Universal dos Direitos Humanos. Nela uma criança, estilizada, de braços abertos, acolhe o globo terrestre.

# O maior dos esportes

**FUTEBOL**
**TETRA, PENTA E CENTENÁRIO DA FIFA**

Esporte mais popular no Brasil e no mundo, o futebol reúne mais de 200 países em sua entidade máxima — a FIFA (Federação Internacional de Futebol Associado). Nem a ONU consegue exercer tamanha representatividade no mundo. Outra prova desse prestígio é que a Copa do Mundo, realizada a cada quatro anos, é o evento de maior audiência televisiva — o Mundial de 2002 teve mais de dois bilhões de espectadores.

Embora seja apenas o terceiro maior vencedor da Copa América e não tenha nenhum título olímpico, o Brasil é considerado o "país do futebol". A razão principal é seu excepcional desempenho em Copas do Mundo. Aliás, é o único país que jamais deixou de participar do torneio. Mais do que isso, nas 17 edições do Mundial, os brasileiros ficaram nada menos do que 13 vezes entre os cinco primeiros colocados. Únicos pentacampeões mundiais, venceram as edições de 1958, 1962, 1970, 1994 e 2002, além de terem chegado à final em 1950 e 1998.

O maior jogador de futebol em todos os tempos é o brasileiro Édson Arantes do Nascimento, o Pelé, que fez mais de 1.200 gols ao longo da carreira, venceu três Copas do Mundo e foi bicampeão mundial interclubes pelo Santos. Em 1980, numa eleição realizada pela revista francesa L'Equipe para escolher o "Atleta do Século", Pelé foi o mais votado, superando o nadador alemão Mark Spitz e o boxeador americano Muhammad Ali.

Durante a vigência do real, houve três edições da Copa do Mundo, nas quais o Brasil sempre chegou às finais, vencendo em 1994 e 2002. Na primeira vez, pela conquista do tetracampeonato mundial, foram emitidas moedas comemorativas de 4 e 20 reais. Uma rede se estufando, em alusão ao momento do gol, foi cunhada no reverso. O anverso mostrava a bandeira brasileira e duas mãos levantando a Taça Fifa, que é o troféu da Copa do Mundo. Na estilização, a parte superior do troféu, representando o globo terrestre, mistura-se à parte circular da bandeira nacional (veja na página anterior).

Lançadas em 2002, as duas moedas comemorativas do penta se diferenciavam nas imagens, mas seguiam uma mesma linha. Na de 5 reais, destaca-se uma bola a caminho das redes — mas também aparecem cinco estrelas em alusão a cada título de Copa conquistado pelo Brasil. O reverso mostra um jogador praticando um drible, à frente da bandeira nacional, de onde se projetam às cinco estrelas da constelação Cruzeiro do Sul. Um pouco mais simples, a moeda de 20 reais foi cunhada de modo a destacar o formato esférico da bola. Nas pontas das duas faixas circulares, há estrelas — e elas também somam cinco. Um jogador em ação é a imagem simbolizada no reverso.

Em 2004, por ocasião do centenário da FIFA, o futebol voltou a ser tema de dinheiro. Em quatro países (França, Suíça, Uruguai e Brasil), foram lançadas moedas comemorativas. A peça brasileira de 2 reais expunha bola e gol no anverso, como já se tornara elementar. O reverso destacava especialmente o Brasil, uma vez que apresentava a bandeira nacional e, mais uma vez, as cinco estrelas que simbolizam os títulos mundiais da seleção. Já a moeda de 20 reais, com o mesmo tema, trazia a representação de uma bola no anverso e o Cristo Redentor no reverso, "de braços abertos para o Guanabara".

# Uma fábrica de dinheiro

### CASA DA MOEDA

Estatal fundada em 1694, a Casa da Moeda (CMB) é uma das instituições mais antigas do Brasil. Foi criada devido à fartura de ouro nas minas brasileiras, o que facilitava a cunhagem de dinheiro no território nacional. Além disso, a escassez de moedas prejudicava o comércio da época. Durante o período colonial, por diminuir a necessidade de dinheiro estrangeiro, a CMB ajudou a estabilizar o meio circulante no Brasil.

Salvador foi a sede da primeira Casa da Moeda brasileira, que logo foi transferida para o Rio de Janeiro. No começo do século 18, Pernambuco também teve esse privilégio. Atualmente, o órgão está instalado na zona oeste carioca, em um complexo industrial de 110 mil metros quadrados de área construída. Apesar do nome, também produz cédulas, selos, passaportes, documentos de identidades, entre outros impressos.

# O "banco dos bancos"

### BANCO CENTRAL

Ao ser instituído, no último dia de 1964, pela lei 4.595, o Banco Central (BC) assumiu a chamada "autoridade monetária" no Brasil. Cabe-lhe, em linhas gerais, executar as orientações do Conselho Monetário Nacional (que foi criado pela mesma lei), controlar o poder de compra da moeda nacional, emitir dinheiro e supervisionar as instituições financeiras.

Por controlar as operações de comércio exterior e fazer operações cambiais em nome de empresas públicas e do Tesouro Nacional, entre outras atividades, o BC também é conhecido como "o banco do governo". Chamado até 1967 de Banco Central da República do Brasil, essa autarquia federal substituiu a Superintendência da Moeda e do Crédito (Sumoc). "Banco dos bancos", incorporou funções realizadas, anteriormente, pelo Banco do Brasil e pelo Tesouro Nacional.

O processo de transferência de funções durou até 1988, quando a Constituição Federal estabeleceu a exclusividade do BC na emissão de moedas e a obrigatoriedade de que todos os presidentes e diretores do banco sejam "sabatinados" no Senado Federal antes de assumirem seus cargos.

Em menos de um ano de vigência do real, o dinheiro prestou uma espécie de auto-homenagem. Foram cunhadas moedas comemorativas de 2 e 3 reais, que tinham como tema, respectivamente, a Casa da Moeda e o Banco Central. Ao proclamar a credibilidade das duas instituições, o governo brasileiro também renovava seu compromisso com a estabilização monetária, valorizando as várias partes relacionadas à moeda brasileira.

O Banco Central já havia aparecido, ao lado do ex-presidente Castello Branco, seu fundador, na moeda comemorativa de dez cruzeiros, lançada em 1975, quando o órgão completou dez anos de atividade. Essa homenagem, porém, deveria ser interpretada, sob a ótica dos militares, como uma obra bem-sucedida, uma realização que vingou. Afinal, o BC foi fundado durante a ditadura e era estampado junto com o primeiro general-presidente.

A última homenagem ocorreu em 2005, no 40º aniversário da instituição. Diferentemente das moedas anteriores sobre o BC, esta nova teve circulação comum valendo 1 real. O edifício-sede do Banco Central, em Brasília, aparecia no anverso tal como na logomarca das comemorações oficiais. A imagem do reverso foi igual à das demais moedas de 1 real em circulação.

# Um alerta em defesa da fauna

**BEIJA-FLOR, TARTARUGA-MARINHA, GARÇA, ARARA, MICO-LEÃO-DOURADO, ONÇA-PINTADA E GAROUPA**

Caça predatória, tráfico de animais e desconhecimento generalizado põem em xeque a fauna brasileira. Uma das histórias mais conhecidas é a do mico-leão-dourado — que foi praticamente dizimado na década de 1960 e hoje é um símbolo da recuperação de espécies em extinção. Por meio de estudos direcionados, as técnicas de reprodução em cativeiro evoluíram, e os micos nascidos em viveiros se adaptaram bem à Mata Atlântica. A educação ambiental nas regiões onde o mico vive tem reduzido a venda ilegal de animais silvestres. De forma semelhante, seria possível preservar as muitas espécies de beija-flor em extinção.

O uso de matéria-prima de origem animal, comum na indústria da moda até o fim do século 19, consistiu em outro fator de ameaça. No caso da garça-branca-grande, a pluma extraída de sua cabeça era usada em chapéus femininos. Já o casco da tartaruga-de-pente se convertia em fonte para aros de óculos, fivelas e pentes de cabelo — razão pela qual a tartaruga tem esse nome. A onça-pintada, naturalmente encontrada em menor quantidade, foi prejudicada pelo alto valor de sua pele e, das três espécies, é a que está mais ameaçada atualmente.

A preservação das espécies exige conhecimento e responsabilidade. É preciso, por exemplo, evitar que a arara-vermelha seja retirada inconseqüentemente da natureza. Por ser bela, dócil e capaz de aprender algumas palavras, essa arara vem sendo uti-

lizada, há décadas, como animal de estimação. Grave também é a situação da garoupa verdadeira, um peixe marinho de cerca de um metro de comprimento, comum na costa brasileira e muito apreciado na cozinha. Recentemente se descobriu que o período reprodutivo da garoupa coincide com a alta estação nas praias, com aumento na procura de pratos à base de peixe. Esse tipo de informação é fundamental para conciliar a pesca comercial com a preservação da fauna.

A partir do cruzeiro, temas como a preservação de espécies e o respeito à natureza se tornaram habituais no dinheiro nacional. As causas ecológicas se fortaleceram cada vez mais na agenda pública, estimulando debates e obtendo credibilidade junto à população. Na esteira desse processo, o governo brasileiro criou o real, cuja família de cédulas tinha a fauna como tema principal.

As primeiras notas lançadas foram as de 1, 5, 10, 50 e 100 reais, que expunham, respectivamente, o beija-flor, a garça, a arara, a onça-pintada e a garoupa. Todas as cédulas apresentavam a efígie da República no anverso, diferenciando-se entre si pela cor e pelo motivo animal. As espécies retratadas no reverso apareciam em seu habitat natural. As notas de 2 reais (com a tartaruga marinha) e de 20 reais (mico-leão-dourado) entraram em circulação, respectivamente, em 2001 e 2002 . Ambas seguiram as características centrais da família de cédulas do real.

O beija-flor havia aparecido na nota de 500 cruzados novos (depois, 500 cruzeiros), como coadjuvante ao personagem homenageado, Augusto Ruschi. Em 1992, recebeu homenagem maior, sendo tema da cédula de 100 mil cruzeiros, que depois foi readaptada para circular ao valor de 100 cruzeiros reais. Do lado oposto da cédula, estampavam-se as Cataratas do Iguaçu. A representação do beija-flor é a mesma nessa nota e na de 1 real. Nesta última, o colibri é representado na vertical — característica comum às cédulas do período.

# Fontes e referências bibliográficas


ALBIN, Ricardo Cravo. **O Livro de Ouro da MPB — A História de nossa Música Popular de sua Origem até hoje**. Rio de Janeiro: Ediouro, 2003.

ALTMAN, Fábio (org.). **A Arte da Entrevista**. São Paulo: Scritta, 1998.

ALVES, Odair Rodrigues. **Os Homens que Governaram São Paulo**. São Paulo: Nobel, 1986.

ALVES FILHO, Ivan. **História dos Estados Brasileiros**. Rio de Janeiro: Revan, 2000.

AMATO, Cláudio *et.alli*. **Cédulas do Brasil (1833-2003)**. São Paulo: 2003.

———. **Livro das Moedas do Brasil (1643-2004)**. São Paulo: 2004.

ARAÚJO, Vicente de Paula. **Salões, Circos e Cinemas de São Paulo**. São Paulo: Perspectiva, 1981.

ARMITAGE, João. **História do Brasil**. São Paulo: Edusp, 1981.

BASBAUM, Leôncio. **História Sincera da República — 1889 a 1930**. São Paulo: Alfa-Ômega, 1976.

BLOOM, Harold. **O Cânone Ocidental**. São Paulo: Objetiva, 2002.

BRODY, David Eliot *et.alli*. **As Sete Maiores Descobertas Científicas da História — e seus Autores**. São Paulo: Companhia das Letras, 1999.

BOSI, Alfredo. **Dialética da Colonização**. São Paulo: Companhia das Letras, 1997.

CAFFARELLI, Eugenio Vergara. **As Moedas do Brasil — Desde o Reino Unido (1818-1992)**. São Paulo: 1992.

CALMON, Pedro. **História Social do Brasil**. São Paulo: CIA Editora Nacional, 1939.

CAMARGOS, Márcia. **Semana de 22 — Entre Vaias e Aplausos**. São Paulo: Boitempo, 2002.

CAMASSA, Manoel. **Catálogo de Cédulas do Brasil — 1942 a 1997**. São Paulo: RHA, 1997.

CANDIDO, Antonio. **O Romantismo no Brasil**. São Paulo: Humanitas, 2002.

CARONE, Edgard. **A Primeira República — 1889-1930**. São Paulo: Difusão Européia do Livro, 1973.

CARVALHO, José Murilo de. **Os Bestializados — O Rio de Janeiro e a República que não Foi**. São Paulo: Companhia das Letras, 1987.

CHEVALIER, Jean *et.alli*. **Dicionário de Símbolos**. Rio de Janeiro: José Olympio, 2001.

COSTA, Nilson do Rosário. **Lutas Urbanas e Controle Sanitário — Origens das Políticas de Saúde no Brasil**. Petrópolis: Vozes, 1986.

CRUZ, Heloisa de Faria (org.). **São Paulo em Revista**. São Paulo: Cedic, 1997

DEAN, Warren. **A Industrialização de São Paulo — 1880-1945**. Rio de Janeiro: Difel, 1970.

DEL PRIORE, Mary *et.alli*. **Documentos da História do Brasil de Cabral aos anos 90**. São Paulo: Scipione, 1997.

DIAS, Everardo. **História das Lutas Sociais no Brasil**. São Paulo: Alfa-Ômega, 1977.

DUARTE, Marcelo. **O Guia dos Curiosos**. São Paulo: Companhia das Letras, 1995.

FAUSTO, Boris. **História do Brasil**. São Paulo: Edusp, 1997.

FERREIRA, Aurélio Buarque de Holanda. **Novo Dicionário Aurélio da Língua Portuguesa**. Rio de Janeiro: Nova Fronteira.

FIGUEIREDO, Carlos. **100 Discursos Históricos Brasileiros**. Belo Horizonte: Leitura, 2003.

FRIAS FILHO, Otavio. **De Ponta-cabeça — Fim do Milênio em 99 Artigos de Jornal**. São Paulo: Editora 34, 2000.

FUSER, Igor (org.). **A Arte da Reportagem**. São Paulo: Scritta, 1998.

GASPARI, Elio. **A Ditadura Envergonhada**. São Paulo: Companhia das Letras, 2002.

———. **A Ditadura Escancarada**. São Paulo: Companhia das Letras, 2002.

GERSON, Brasil. **História das Ruas do Rio**. Rio de Janeiro: Livraria Brasiliana, 1965.

GONÇALVES, Cleber Baptista. **Casa da Moeda do Brasil**. Rio de Janeiro: Casa da Moeda do Brasil, 1989.

IANNI, Octavio. **O desafio. In: Ensaios de Sociologia da Cultura**. Rio de Janeiro: Civilização Brasileira, 1991.

JÚNIOR, Caio Prado. **História Econômica do Brasil**. São Paulo: Brasiliense, 1976.

LACERDA, Maurício de. **A Segunda República**. Rio de Janeiro: Freitas Bastos, 1931.

LEÃO DE AQUINO, Rubim Santos *et.alli*. **Sociedade Brasileira: Uma História — Através dos Movimentos Sociais**. Rio de Janeiro: Record, 1999.

LISBOA, João Francisco. **Crônica do Brasil Colonial**. Petrópolis: Vozes, 1976

MARCONDES, Luiz Fernando. **Dicionário de Termos Artísticos**. Rio de Janeiro: Edições Pinakotheke, 1998.

MORAES, Fernando. **Chatô, o Rei do Brasil**. São Paulo: Companhia da Letras, 1995.

MOTA, Myrian Becho *et.alli*. **História — Das Cavernas ao Terceiro Milênio**. São Paulo: Moderna, 1999.

MOTTA, Luiz Gonzaga (org.). **Imprensa e Poder**. Brasília e São Paulo: UNB e Imprensa Oficial do Estado de São Paulo, 2002.

OLIVEIRA, Carlos Alonso Barbosa de. **Processo de Industrialização — Do Capitalismo Originário ao Atrasado**. São Paulo: Unesp, 2002.

PINHEIRO, Paulo Sérgio. **A Classe Operária no Brasil (1889-1930)**. São Paulo: Brasiliense (Funcamp), 1981.

PIZA, Daniel. **Jornalismo Cultural**. São Paulo: Contexto, 2003.

QUEIROZ, Maria Isaura Pereira de. **O Messianismo no Brasil e no Mundo**. São Paulo: Dominus, 1965.

RABELO, Olimpio. **Retalhos de História**. Aracaju: Livraria Regina, 1966.

SCHWARCZ, Lilia Moritz *et.alli*. **No Tempo das Certezas (1890-1914)**. São Paulo: Companhia das Letras, 2000.

SIQUEIRA, Juliano. **Nas Barricadas do Fim do Século**. São Paulo: Anita Garibaldi, 1996.

SODRÉ, Nelson Werneck. **A História da Imprensa no Brasil**. Rio de Janeiro: Mauad, 1999.

————. **A História Militar do Brasil**. Rio de Janeiro: Civilização Brasileira, 1979.

TREVISAN, Leonardo. **A República Velha**. São Paulo: Global, 1982.

VIZENTINI, Paulo Gilberto Fagundes. **Os Liberais e a Crise da República Velha**. São Paulo: Brasiliense, 1983.

ZUIN, Antônio Álvaro Soares. **Indústria Cultural e Educação — O Novo Canto da Sereia**. Campinas: Autores Associados, 1999

## Obras de referência

**500 Anos do Dinheiro no Brasil**. Brasília: Banco Central do Brasil, 2000.

**Almanaque Abril 2003 — Brasil**. São Paulo: Abril, 2004

**Almanaque Abril 2003 — Mundo**. São Paulo: Abril, 2004

**Brasil: Crise e Destino — Entrevista com Pensadores Contemporâneos**. São Paulo: Expressão Popular, 2000

**Brasil de A a Z.** São Paulo: Larrouse e Abril, 1998.

**Causas da Inviabilização Econômica da América Portuguesa**. São Paulo: Paz e Terra, 1996.

**Cédulas Brasileiras da República — Emissões do Tesouro Nacional**. Rio de Janeiro: Banco do Brasil, 1965.

**Dilemas da Atualidade**. São Paulo: CES, 1997

**Dinheiro**. São Paulo: Globo, 1990.

**As Grandes Conquistas da Humanidade**. São Paulo: Klick, 2003

**Grandes Personagens de Nossa História**. São Paulo: Abril Cultural, 1969.

**História do Brasil**. São Paulo: Publifolha, 1997.

**História dos Tributos no Brasil**. São Paulo: Magnaprint do Brasil, 2000

**Museu de Valores do Banco Central do Brasil**. São Paulo: Banco Safra, 1988.

**Nova Enciclopédia Ilustrada Folha**. São Paulo: Publifolha, 1996.

**Roda Viva — 18 Anos**. São Paulo: Fundação Padre Anchieta, 2004.

**São Paulo — A Imperial Cidade e a Assembléia Legislativa Paulista**. São Paulo: Imprensa Oficial do Estado de São Paulo, 2005.

**Sociedade Numismática Brasileira — Boletim 51**. São Paulo: Sociedade Numismática Brasileira, 2004.

## Jornais e revistas

**O Estado de S. Paulo, Folha de S.Paulo, Jornal do Brasil, Veja, Istoé, Superinteressante, Mundo Estranho** e **História Viva**.

## Sites

www.bcb.gov.br
www.casadamoeda.com.br
www.nomismatike.hpg.com.br
www.colecionadores.com
http://groups.yahoo.com/group/moeda
www.colecionismo.com.br
www.planalto.gov.br
www.itaunumismatica.com.br
www.mgermina.com.br
www.geocities.com/Athens/Parthenon/1645/index.html
www.geocities.com/numismatic_2000/index.html
www.onumismata.com.br
www.bb.com.br
www.globo.com
www.incm.pt
www.culturabrasil.pro.br
www.corecon-rj.org.br

# Autores

**André Cintra** prefere o cinema à música, mas lembra que nasceu no dia do aniversário de Caetano Veloso (7 de agosto) e no ano em que morreram Vinicius de Moraes e John Lennon (1980). Cresceu no seio de uma família de políticos marxistas, participando, "por osmose", dos comícios pelas Diretas-Já e pelo impeachment de Collor.

Dos 10 aos 14 anos, só quis saber de futebol: freqüentou estádios como nunca e até montou um banco de dados próprio. Em seguida, trocou o esporte pela política e virou militante estudantil. Abriu mão, aos 19 anos, da vontade de ser advogado. Optou pelo jornalismo.

Avesso à rotina, é profissional free-lancer desde 2002. Tem formação intensiva em Marketing pela ESPM e superior em Jornalismo pela Faculdade Cásper Líbero. Como repórter, redator, editor, revisor, copidesque ou assessor de imprensa, já prestou serviços para instituições de diferentes áreas — Fundação Cásper Líbero, Ernst & Young, Editora Abril, Fundação Perseu Abramo, Frente Nacional de Prefeitos, entre outras.

Escreve diariamente — de e-mails e bilhetes a ensaios e livros. Foi subeditor de *Cremesp, Uma Trajetória* (obra institucional do Conselho Regional de Medicina) e co-autor de *Filme, a Vida — Personagens e Cenários da Crítica de Cinema em São Paulo*. Enquanto trabalhava em cada um desses livros, curtia a noite e namorava. Pretende trabalhar sempre com textos.

**Renato Torelli** não é norte-americano nem "americanófilo", embora tenha nascido no dia 4 de julho de 1976, em pleno bicentenário da independência dos Estados Unidos. Passou a infância no bairro do Tatuapé entre peladas, futebol de botão, gibis e figurinhas. Já nessa época, ganhava moedinhas das avós, pegando gosto por dinheiro antigo.

Nos períodos de hiperinflação, corria de banca em banca para comprar quadrinhos com preço desvalorizado. Pintou a cara de verde e amarelo, em 1992, para protestar contra a corrupção do governo Collor. Já era estudante de Economia da Universidade de São Paulo e auditor externo quando, nos anos 90, comprou um catálogo de moedas e organizou sua antiga coleção.

Formou-se economista, mas interrompeu a carreira. Foi para o curso de Jornalismo na Faculdade Cásper Líbero, onde conheceu André Cintra. Trancou a matrícula em 2003 e se mudou para o Canadá. Ao mesmo tempo em que estudava inglês no exterior, colecionava moedas canadenses e se apaixonava por uma sul-coreana. No fim do mesmo ano, já namorados, ele retornou para o Brasil, e ela, para a Coréia.

De volta ao convívio familiar em São Paulo, Torelli se tornou membro da Sociedade Numismática Brasileira. Entre idas e vindas à Coréia do Sul, graduou-se em Jornalismo e montou a Lumus Editora. É coordenador e tradutor dos manhwas (quadrinhos coreanos) *Priest* e *Planet Blood*.